ARAB
NO DAIFUGOU
阿拉伯大富豪
点油成金的海湾传奇

〔日〕前田高行 ◎著

徐 凡 ◎译

重庆出版集团 重庆出版社

ARAB NO DAIFUGOU by Takayuki Maeda

Copyright © 2008 by Takayuki Maeda

Original Japanese edition published by SHINCHOSHA Publishing Co., Ltd

Chinese edition Copyright arranged with SHINCHOSHA Publishing Co., Ltd through EYA Beijing Representative Office

Simplified Chinese edition Copyright © 2011 by **Grand China Publishing House**

All rights reserved.

No part of this book may be used or reproduced in any manner whatever without written permission except in the case of brief quotations embodied in critical articles or reviews.

版贸核渝字 (2010) 第199号

图书在版编目（CIP）数据

阿拉伯大富豪/〔日〕前田高行著；徐凡译. 一重庆：重庆出版社，2011.3
ISBN 978-7-229-03649-2

Ⅰ.①阿… Ⅱ.①前… ②徐… Ⅲ.①经济－研究－中东

②政治－研究－中东 Ⅳ.①F137②D737

中国版本图书馆CIP数据核字(2010)第255589号

阿拉伯大富豪
ALABO DAFUHAO

〔日〕前田高行 著

徐 凡 译

出 版 人：罗小卫
策 　 划：中资海派·重庆出版集团科韵文化传播有限公司
执行策划：黄 河 桂 林
责任编辑：朱小玉
版式设计：王若羽
封面制作：林 肯 黄充擎

重庆出版集团
重庆出版社 出版
（重庆长江二路205 号）

深圳市鹰达印刷包装有限公司印刷
重庆出版集团图书发行有限公司发行
邮购电话：023-68809452
E-MAIL: fxchu@cqph.com
全国新华书店经销

开本：880mm × 1 250mm 1/32 印张：5.50 字数：105千
2011年3月第1版 2011年3月第1次印刷
定价：25.00元

如有印装质量问题，请致电023-68706683

无论退休前后，我的爱人晶子一直照料着我，在此向她表达感谢之意。

——前田高行，《阿拉伯大富豪》

前　言

点油成金的海湾传奇

阿拉伯半岛各国的财富源于石油及天然气，而且多数位于阿拉伯半岛的产油国，如沙特阿拉伯等都是实行君主制，因此石油财富均被王室及王族垄断，"阿拉伯大富豪"一词，几乎就等于"阿拉伯王室"。

中东的石油总储藏量高达 1.2 万亿桶（注：每桶相当于 159 升），相当于全球总储藏量的一半。"桶"是石油独特的计量单位，在大众媒体的报道中，如果听到"原油价格 100 美元的时代来临"，指的就是每桶原油的价格。

1.2 万亿桶的石油究竟值多少钱？假设每桶石油价格为 100 美元，则总价值大约是 120 万亿美元。即使是日本坊间传闻的市值达数十万亿日元的德川幕府藏金，也不足以与之相提并论。而且，德川幕府藏金的传闻犹如海市蜃楼般不真实，但石油只要从地底开采出来，就能立刻变成现金。

于是，阿拉伯半岛产油国的王室每天都能获得庞大的财富进账。这群王族究竟拥有多少财富？他们又是如何运用如此庞大的财产的？我将试图通过本书解开这些谜题。"不但要财不露白，财产的运用方式也不能为人所知"，这是古今东西方富豪的共同想法，阿拉伯王室自然也不例外。除此之外，阿拉伯王室还握有绝对的权力，甚至说得极端一点，王室自家的财库和国库根本毫无区别。无论是这群王族拥有的财产规模，还是财产运用的实际情况，全都覆盖在一层厚厚的面纱下。

20世纪70年代起发生了两次石油危机，数额巨大的油元流入了产油国。产油国纷纷利用这一大笔油元改造道路、机场、发电厂等基础公共设施；与此同时，阿拉伯王室也获得了庞大的财富。一朝致富的王室花钱如流水一般，大笔挥霍着这些财富。而且，王室背后还有一群红顶商人、御用商人在暗中活跃，他们搭上了这艘致富的顺风船。众人谣传多迪·法耶德——前英国王妃黛安娜的未婚夫，最终与她一起在车祸中丧生——的父亲穆罕默德·阿尔·法耶德就是这群红顶商人之一；而发动"9·11"恐怖袭击的主谋本·拉登的父亲也是沙特王室的御用商人，单凭本·拉登一代人的力量就建立起了本·拉登集团。

产油国近年来再度吹起一股石油热潮，为王室带来了庞大的财富。但是这次产油国王室运用这笔财富时，似乎不同于20世纪70年代的做法，并非只是单纯地花钱消费而已。他们运用充裕的石油盈余大量收购欧美的一流企业，开始投资各国的不动产开发案，也就是说，这些国家的王室已经尝到了投资的甜头，开始想要参与全球性的金钱游戏。除此之外，在这股热潮下，王室成员也亲自扮演起政治商人的角色。现代的阿拉伯王室成员成为了富豪之后，正逐渐涉猎各个经济领域。

如果以河流比喻油元的流向，再对照阿拉伯各王室的情形，源头就相当于是沙特阿拉伯，中游是迪拜，约旦则可当做下游。换句话说，沙特阿拉伯就是油元的源头，约旦是油元的投资标的，而迪拜则是负责帮助双方接轨的闸道。

本书将透过上述角度，以沙特阿拉伯、迪拜及约旦等王室的情况为经，以这些王国的油元流向为纬，解析现代阿拉伯大富豪与席卷全球的油元经济，为读者呈现其真实的样貌。

目　录

第 1 章

阿拉丁神灯里的世界

沙漠奇葩

幸运女神还要在此驻足多久?

沙特家族的阿拉伯半岛

继 20 世纪七八十年代的第一次石油热潮后（石油消费国则称之为"石油危机"），第二次石油热潮现今正在沙特阿拉伯持续发烧。近几年来，由于石油价格翻腾 3 倍以上，大量美元流入沙特阿拉伯，该国国内用之不尽的美元形成一股剩余油元，回流到了世界各地。沙特阿拉伯地下蕴藏着全球 25% 的石油，数量多达 2 500 亿桶。日本每年的石油消费量约为 20 亿桶，对于石油的依赖程度显然不低。

发现石油至今不过近 70 年的时间，沙特阿拉伯已是世界最大的石油生产国，就算开采水平毫无进步，仍可继续开采 70 年左右。

沙特阿拉伯位于世界上最大的半岛——阿拉伯半岛，其国土涵盖大半个半岛，面积将近日本国土面积的 6 倍，而人口仅有两千多万。该国 99% 的国土是荒凉的沙漠，都市和村落零星散布其中。首都利雅得是一座拥有 400 万人口的大都会，不过在百年之前，这里还仅仅是绿洲上的一个小村落，沙漠民族——贝都因人——在此过着艰苦的生活。

阿拉伯半岛西邻红海，东接波斯湾，利雅得就位于半岛几近正中的位置，四周被沙漠围绕。由利雅得出发，一路沿着地图西行，可到达该国位于红海沿岸的第二大城市吉达，而再稍向内陆前进，则是著名的伊斯兰教圣地麦加和麦地那。如果朝另一个方向前行，由利雅得往东横跨沙漠到达波斯湾，就会到达由 3 个石油城市达曼、达兰和胡巴尔所构成的城市群。

包含沙特阿拉伯在内，阿拉伯半岛上的国家一律将"波斯湾"称为"阿拉伯湾"。波斯是阿拉伯半岛对岸的伊朗的古称。伊朗与阿拉伯半岛上的各国之间，除了存在波斯民族和阿拉伯民族的对立意识之外，伊斯兰教的两大教派什叶派与逊尼派也各据一方，彼此针锋相对。因此，注重荣耀的阿拉伯国家称呼这片海湾为"阿拉伯湾"，而不愿以"波斯湾"称之。

世界各国都习惯使用"波斯湾"的名称，但由于发现了储量巨大的石油及天然气，以沙特阿拉伯为首的阿拉伯半岛各国的话语权随之而增，纷纷要求国际社会将这片海湾改称为"阿拉伯湾"。但是，依赖这个地区供应能源的欧美各国也无法忽视伊朗的声音，因此在左右难以兼顾的情况下，双方固有的称呼干脆取消使用，仅以"海湾"称之。1991 年，为了解放被伊拉克占领的科威特，多国联军与伊拉克军队开战，而这场战争之所以称为"海湾战争"，就是基于上述理由。

沙特阿拉伯的石油全数握于王室的沙特家族手中。沙特阿拉伯原意就是"沙特家族掌控的阿拉伯（半岛）之国"。世界上虽然国家众多，但是在国名里冠上掌控者姓氏的也仅有沙特阿拉伯和约旦（约旦正式国名为"约旦哈希姆王国"），由此可知沙特阿拉伯的国情与一般近代国家截然相异；因此所谓的政教分离、民主主义、普遍选举和男女平等，这些近代国家的常识根本就无法祈望会在沙特阿拉伯出现。

　　沙特家族的起源可追溯到18世纪，当时在现今首都利雅得附近的绿洲"迪里耶"，居住着贝都因人一族。贝都因人是骑着骆驼纵横于沙漠之上的游牧民族。游牧民族的名称听起来似乎不错，不过贝都因人不只是放牧骆驼和羊群而已，他们有时也会袭击来往于沙漠的商旅或者邻近的绿洲村落，是整日过着掠夺生活的民族。迪里耶当地的族长之子穆罕默德·本·沙特是极具胆识的年轻人，也是一名深获同伴信任的领袖。当时，有个名叫瓦哈比的年轻人为了宣扬伊斯兰教，依附穆罕默德·本·沙特的父亲生活。

　　两个年轻人携手合作，一同踏上征服阿拉伯半岛之路。穆罕默德勇猛果敢的雄心，加上瓦哈比虔诚的信仰，相互帮助下，两人转瞬间掌控了阿拉伯半岛的大半土地。公元8世纪，伊斯兰帝国企图扩张势力，当时提出的口号是"右手《古兰经》左手圣剑"，这正可以作为这两个年轻人的最佳写照。于是，穆罕默德以父之名，与瓦哈比共同建立了沙特王朝。这就是沙特家族的起源。

此后，沙特家族处于贝都因各族的群雄割据处境之间，同时还得面对觊觎着阿拉伯半岛的奥斯曼土耳其帝国，在争夺势力范围的过程中，兴衰成败的戏码不断上演。19 世纪末叶，沙特家族在一场战争中，败给了同为贝都因人的拉希德家族，族长阿卜杜勒·拉曼带着 12 岁的儿子前往科威特投靠萨巴赫家族。这位族长的儿子名为阿卜杜勒·阿齐兹，别名为"沙漠之豹"伊本·沙特。他正是现代沙特阿拉伯王国的第一任国王。

"沙漠之豹"伊本·沙特的建国传奇

沙特家族继承人阿卜杜勒·阿齐兹在科威特度过了多愁善感的青春期。科威特是位于波斯湾最靠内陆的港口城市。波斯湾在古代是"海上丝绸之路"的一部分，联结着印度洋到东南亚的贸易往来。东南亚各国的奇珍异宝装载于独桅帆船，漂洋过海运到科威特后，再改由骆驼运载，科威特也因此成为贸易中转港而兴盛一时。

但是到了17世纪，新的航线开拓出来，贸易船队可以直接绕过非洲大陆南端的好望角；19世纪后半叶，苏伊士运河开通，科威特于是逐渐

伊本·沙特

12

沉寂。统治科威特的萨巴赫家族虽然获得奥斯曼土耳其帝国的认可，受封为科威特的"邦主"，实际上也只是位于边境的豪门家族，平日或者销售波斯湾出产的天然珍珠，或者从事些许贸易，借此维持家族的开销。

此时，大英帝国越过霍尔木兹海峡，直入波斯湾，与奥斯曼土耳其帝国竞夺阿拉伯半岛与伊朗一带的霸权。大英帝国的目标是伊朗当地发现的石油。一直以来，大英帝国舰队的发动机是蒸汽机，利用煤炭做燃料；而在 1892 年，柴油机问世，航行速度以及续航距离均大幅提升，因此伊朗境内可用作燃料的石油就成了大英帝国觊觎的对象。大英帝国相继吞并了阿布扎比、迪拜、卡塔尔、巴林等沿岸酋长国，并通令位处波斯湾最靠里的科威特，迫使它成为自己保护的附属国。当时掌控科威特的穆巴拉克审时度势，决定接受大英帝国的庇护。我们由日后的历史可知，科威特作了一个明智的抉择。阿卜杜勒·阿齐兹从旁观望了整个过程，意识到沙特家族东山再起的机会来了。

22 岁的阿卜杜勒·阿齐兹率领着仅 40 名部属，横越 700 公里沙漠，于 1902 年初秘密潜返故乡利雅得。他们在夜色掩护下，侵入了敌方要塞，终于一举打败拉希德家族。自此以后，沙特家族的年轻族长，也就是"沙漠之豹"伊本·沙特，开启了他在阿拉伯半岛的建国传奇。

　　阿拉伯语中，"ibn"意指"儿子"，"儿子"的另一

个说法为"bin"。阿卜杜勒·阿齐兹是阿卜杜勒·拉曼
的儿子，因此他的正式全名为阿卜杜勒·阿齐兹·伊
本·阿卜杜·拉赫东曼·阿勒·沙特（意为沙特家族
阿卜杜·拉赫东曼之子——阿卜杜勒·阿齐兹），不过
国民出于对他的敬爱，昵称他为"伊本·沙特"（沙特
家族的儿子）。

阿卜杜勒·阿齐兹趁势相继征服位于半岛中央内志省的贝
都因部落。然而，贝都因人的部落散布在广大的沙漠中，各以
零星分布的绿洲为根据地，要掌控这些部落绝非易事。

绿洲如同浮在沙漠这片大海上的小岛，而且阿拉伯半岛的
沙漠一望无际。不仅如此，贝都因人天性高傲，性格阴晴不定。
历史学家曾将贝都因人喻为沙漠的黄沙："贝都因人犹如沙漠里
的黄沙。紧握在手中，让人感觉相当安分；一旦放松，就纷纷
从指缝间溜走。"这实在是一句至理名言。

阿卜杜勒·阿齐兹使出
两个手段，防止自己掌控的
贝都因部落叛离。

**其一是将宗教信仰深植
于他们心中，以期唤起凝聚**

> 贝都因人犹如沙漠里的黄沙。紧握在手中，让人感觉相当安分；一旦放松，就纷纷从指缝间溜走。

感。贝都因人共同的宗教是伊斯兰教，但在 19 世纪前后的阿拉
伯半岛，沙特家族遵照着瓦哈比的训示，严格持守伊斯兰教的

基本教义。阿卜杜勒·阿齐兹建立了"易赫旺军团"，仿效沙特家族始祖穆罕默德·伊本·沙特的精神，提出"右手古兰左手圣剑"的口号鼓舞年轻人。他凭着卓越的战略以及营造激昂的宗教情感，让这群年轻人组成的军队大败敌人。沙特阿拉伯建国后，瓦哈比派正式受封为国教。

另一个手段是怀柔政策。他迎娶被他征服的部落族长之女为妻，并生下子嗣，借由血缘关系强化了这些部落与沙特家族的关系。伊斯兰教的圣典《古兰经》允许一夫多妻制。伊斯兰教创建初期，由于与异教徒之间的征战，让许多妇女失去了丈夫，在这些妇女必须获得救济的背景下，一夫多妻的制度获得了认可。

对于这种婚姻制度，有人批判是无视女性人格的野蛮制度。暂且不管这些议论的声音，总之阿卜

> 阿卜杜勒·阿齐兹一生娶了 26 位王妃，生下了 36 位王子。

杜勒·阿齐兹仍持续着与各部落政治联姻，迎娶族长的女儿。从公之于世的家谱可知，阿卜杜勒·阿齐兹一生娶了 26 位王妃，生下了 36 位王子。现任国王阿卜杜拉以及王储苏尔坦王子都是 36 位王子之一。家谱上另外记载了 27 位公主的姓名，但没有记载分别是由哪位王妃所生。因此，一般认为阿卜杜勒·阿齐兹一生共娶了 30 位以上的女子为妻。阿卜杜勒·阿齐兹通过这种政治联姻，促使同盟的部落与自己维持更紧密的关系，或者拉拢中立部落加入自己的阵营，以此孤立敌对部落，从而扩

张势力。

过去日本的武家社会中，政治婚姻被当成同盟关系的利器，是屡见不鲜的手段，而与沙特阿拉伯最大的不同之处在于，日本被迎娶的公主是用来防范背叛的人质，同盟关系一旦破裂，通常都是以离婚收场。因此，夫妻之间的关系一开始就是相敬如"冰"，对于生育儿女也慎重考虑。嫁入将军府内的公主虽然能获得正室的崇高地位，将军对她却是保持敬而远之的态度。相比之下，阿卜杜勒·阿齐兹则是积极地传宗接代，而且王妃之间也没有正室或侧室的区别，王子不论是由哪位王妃所生，受到的待遇一律平等。

阿卜杜勒·阿齐兹所生的 36 位王子，也就是王室第二代成员，大多也娶了好几位妻子，生下众多的王子。阿拉伯的女性一般早婚，而且多产，所以 36 位王子又生下了 254 位王孙，也就是王室的第三代成员——阿卜杜勒·阿齐兹的嫡孙。这群王孙长大结婚后，又生下更多的后代，于是王子人数犹如等比级数般地增加，估计现在已超过 1 000 位。

依据沙特阿拉伯的王位继承法规定，第一任国王阿卜杜勒·阿齐兹的直属子嗣拥有王位继承权。换句话说，沙特家族拥有王位继承权的王子共有 1 000 位以上。这群王子一出生，每个月就能获得相当金额的津贴费用。虽然金额并不固定，但也是因为石油带来的丰厚收入，才能过着这样的生活。

除了这群王子之外，源自始祖穆罕默德·本·沙特的支系也自称为"沙特家族"。这些支系的族人虽然无法享有王位继承权，通常也被视为王室沙特家族的成员之一。如果包含这些支系的王子在内，沙特家族的王子可说有数万人之众。

在"沙特家族掌控的阿拉伯半岛"，也就是沙特阿拉伯当地，这群王子现今遍布政治组织的各个阶层，也有极少数人转战商界发展，其中的代表人物就是本书第 3 章介绍的全球富豪瓦利德王子。

阿卜杜勒·阿齐兹从利雅得向四周征战，掌控了阿拉伯半岛的中央地区，接下来的目标就锁定红海沿岸。这个地区有着伊斯兰教的两个圣地——麦加与麦地那。伊斯兰教创始者穆罕默德就是在麦加获得唯一真神阿拉的启示，而麦地那则是穆罕默德最初开始传教的城市。众多朝圣者自世界各地前来这两处圣地朝圣，由于这些人潮的带动，邻近城镇吉达已经发展成商业都市。红海沿岸地带称为汉志，从阿卜杜勒·阿齐兹准备进军此地到今日，此处的宗教和商业发展都很兴旺。

当时负责治理这个地区的是哈希姆家族，这个家族也是奥斯曼土耳其帝国委任的麦加太守。哈希姆家族是伊斯兰教创始者穆罕默德的嫡系子孙，家世显赫，但是当时麦加戒条荒废，哈希姆家族就向吉达的商人征收名为"天课"（zakat）的税金，以支持王公贵族的生活。

阿卜杜勒·阿齐兹企图控制汉志地区，目的是要拉拢吉达的商人，筹措经常告缺的战争费用，并且借由热心的"易赫旺军团",一举打倒堕落的哈希姆家族。当时,由于长期征战,钱粮经常不足的问题一直困扰着阿卜杜勒·阿齐兹,而提供财政援助的是大英帝国。大英帝国意图侵吞奥斯曼土耳其帝国的领土,因此能助它驱逐旧有势力的沙特家族以及沙特家族的军团,就成了大英帝国珍而重之的盟友。

游牧民族贝都因人骁勇善战,却丝毫不擅长生财之道,甚至瞧不起赚钱的行为。阿卜杜勒·阿齐兹身为贝都因战士的后代,也抱持着同样的观念。但是战争就得花钱。阿卜杜勒·阿齐兹意在称霸阿拉伯半岛,因此光靠大英帝国的援助终究还是不足。于是,他与吉达的商人订下盟约,只要吉达的商人资助战费,就可以在他掌控的土地上经商。换句话说,就是将吉达的商人提拔为沙特家族认可的御用商人。1926 年,阿卜杜勒·阿齐兹将哈希姆家族逐出麦加,宣布汉志地区归沙特家族所有。这一年距离他自利雅得举兵,已有 24 年的岁月。

阿卜杜勒·阿齐兹在阿拉伯半岛写下的建国传奇中,最后一战选定的目标是波斯湾沿岸的哈萨地区,而且不费力气就取得了此地。如此一来,阿卜杜勒·阿齐兹就掌控了整个阿拉伯半岛。哈萨地区几乎是无人的荒野,阿卜杜勒·阿齐兹远征此地,只是出于对领土的野心。

但是他占有的哈萨地区获得了幸运女神的眷顾。日后,在这个地区发现了全球最大的油田,为他及后代子孙带来了莫大的财富。**沙特阿拉伯的石油可供开采年数约为 70 年,因此直到**

21 世纪末叶，幸运女神似乎仍会一直驻足此地。总而言之，阿卜杜勒·阿齐兹征服了阿拉伯半岛全域，并于 1932 年宣布"沙特家族的阿拉伯"，即"沙特阿拉伯王国"，正式建国。由于沙特家族掌控了整个阿拉伯半岛，吉达的商人得以将经商范围扩大至阿拉伯半岛全域，因而相继出现多位巨商大贾。此外，有些建筑从业者成为了沙特家族的御用商人，负责承包道路、港湾等公共工程的建设，也步上了巨商之路。最成功的例子莫过于发展为超大型建筑业者的本·拉登。

　　本·拉登财阀经营的"沙特阿拉伯王国本·拉登集团"是沙特阿拉伯最大的建筑业集团，白手起家创立这家企业的穆罕默德·本·拉登，出生于也门的哈达拉摩区。也门的哈达拉摩区遍布贫困的山村，自古以来这里许多年轻人都想要创立自己的一番事业，因而纷纷涌向沙特阿拉伯工作。穆罕默德·本·拉登也是其中一个。他在麦加开设建设公司，靠着承包土木工程，奠定了事业的基础。穆罕默德·本·拉登是一位办事周到的商人，由于博得沙特家族的欢心，承包到公共工程，因此事业规模逐渐扩大，建立了知名的大型建筑企业。

　　有段逸闻足以说明他面面俱到的做事态度。有一次，某位西欧企业家赠送阿卜杜勒·阿齐兹国王当时罕见的轿车。阿卜杜勒·阿齐兹的王宫设于麦地那，该城位于距离红海沿岸遥远的内陆地区，因此轿车运至最近的港口后，接下来要到王宫的话，就只能走只供骆驼通行的道路。穆罕默德·本·拉登得知此事后，紧急施工铺设汽车道路，让轿车能够送抵王宫。穆罕默德·本·拉登因此获得了阿卜杜勒·阿齐兹国王的信赖，之后麦加及麦地那的大型工程，如各种宗教建筑的改建等工程，几乎都交由他一手承包。

圣城麦加和麦地那均禁止非伊斯兰教徒进入，人们只能通过照片一览城内风光。据说曾有日本企业干部出差到沙特阿拉伯时，希望能见识一下圣城景色，就算是从远处看一眼也好，于是让派驻当地的员工带路，但是到了城外，只见城门口立着一块巨大的告示牌，上面用多国语言写着："非穆斯林者谢绝入内"，而且汽车也不能开进城中。城内的建筑离城门有数公里远，从道路这头根本就看不到建筑物的模样。这群出差的干部也只能在巨大的告示牌前拍照留念，就此打道回府。根据曾进入麦加朝圣的穆斯林所言，城内的克尔白神殿等建筑宏伟非凡，无法以言语说明。由于每年有将近1 000万名穆斯林前来麦加朝圣，沙特阿拉伯为彰显国家威信，每年都会扩建城内的建筑，而这些工程几乎都由穆罕默德·本·拉登一手承包，这让他赚了个盆满钵满。

一提起本·拉登，让人想到的就是奥萨玛·本·拉登。他

是 "9·11" 恐怖袭击事件的主谋,也是国际恐怖组织(基地组织)的首脑,他的名字几乎无人不晓。他的父亲正是创立本·拉登集团的穆罕默德·本·拉登。穆罕默德·本·拉登一共有二十多个儿子(另有一说是 52 个)。

1968 年,创立本·拉登集团的穆罕默德·本·拉登因飞机事故身亡,留下的遗产就由他的孩子各自继承。据说当时还在神学院读书的奥萨玛·本·拉登也分到了将近 3 亿美元的遗产,由此可知穆罕默德·本·拉登一生累积的财富多么庞大。奥萨玛·本·拉登日后前往阿富汗,加入对抗前苏联军的人民圣战者组织,成为该组织的战士,并迅速崭露头角,但有传言说他是因为将遗产悉数用作圣战的军费,所以才会受到重用。阿富汗战争结束后,奥萨玛·本·拉登在全球各地持续进行恐怖活动,于是本·拉登家族在 1994 年与他断绝关系,沙特阿拉伯政府也同时发出声明,剥夺他的公民身份。如此一来,本·拉登家族与沙特家族之间纠葛难分的关系,似乎未随着双方族长的逝世而消失,而由两家子嗣延续承继,本·拉登集团的政商地位至今仍旧不受动摇。

巨商护荫贫瘠沙漠

　　沙特阿拉伯的巨商诞生可分为下列三个时期：第一个时期是沙特家族平定阿拉伯半岛以前（前沙特时期），此时期出现的巨商主要是在吉达一带，这些商人通过与朝圣者交易，累积大笔的财富；第二个时期是沙特家族平定阿拉伯半岛以后（后沙特时期），此时期出现的巨商，经商区域扩及整个阿拉伯半岛；第三个时期则是在沙特阿拉伯发现石油，由阿美石油公司（Saudi Aramco，现为沙特阿拉伯国营阿美石油公司）开始生产石油起算（后阿美石油期），一些商业、运输业者因承包该公司工程而发展起来，公司规模不断扩大。

　　20 世纪 80 年代，在度过两次石油危机之后，沙特阿拉伯经济进入高速增长的时期，这群商人真正成为巨商大富。在发现石油以前，沙特阿拉伯最重要的外汇来源是从世界各地前来麦加、麦地那朝圣的信徒带来的外币。于是，当地的货币兑换业，专做朝圣信徒生意的旅舍以及贩卖纪念品等行业都相当兴盛。由于贝都因人不善经商，这些行业都是由也门或黎巴嫩来此工作的人经营。他们在路边摆设露天摊位，向朝圣者卖纪念品，勉强维持生计，或者在街角小店前提供小额外币的兑换服务。

　　部分货币兑换业者则是眼光独到，逐渐转型成为具备近代性格的银行家。沙特阿拉伯境内最大的民营银行——国家商业银行，其经营者马赫福兹家族可说是这类巨商的代表。然而，马赫福兹家族却因为创业者的儿子经营不善，不得不将银行经营权交出。这个案例证明了商场上的残酷现实，在沙特阿拉伯，即使举国正处于荣景之中，稍有疏忽，企业仍会走向没落。

　　露天摆摊贩售纪念品的商人中，成功转型成为巨商者则改贩卖钟表、贵重金属或者经营时尚百货，并在吉达市内开设大型店铺。朝圣者选择带回家乡的纪念品中，格外受到欢迎的礼品是日本制的手表，甚至因此发生了一段趣闻：由于日本某年输出至沙特阿拉伯的手表数量，高达当时该国人口的 3 倍，日本的钟表制造厂感到疑惑，动身前往沙特阿拉伯实地调查。至于贵重金属业及时尚百货业则是受惠于石油热潮，当地女性争相涌入店内消费，因此生意相当兴隆。

　　沙特阿拉伯的女性受着严格的戒律规范，无法随意外出，因此王室贵妇及巨商的富太太会要求商家将珠宝和最新的巴黎时装送来家中，与闺中好友举办一场室内时尚派对，以消解烦闷。沙特阿拉伯的女性从头到脚都笼罩在黑纱袍下，绝对不能让丈夫、父亲和兄弟以外的男性看到自己的容貌，但是女性朋友聚在一起时，一脱下罩在外头的黑纱袍，据说一身都是华丽夺目的时尚服饰。一些派驻当地的日本员工的妻子曾受邀去过这类家庭的时尚派对，亲眼目睹了上述的情形，而派驻的员工本人则绝无机会见识到这番景象。

由于沙特家族掌控着阿拉伯半岛，一些商人充分受益于这种大环境，纷纷步上成为巨商的康庄大道。这类巨商的代表就是汽车或家电的代理商。由于在整个阿拉伯半岛都能从事商业贸易，而且进入石油热潮的时代后，政府将石油收入用于改善道路及电力网络，因此掀起了购买车辆及电器的风潮。于是，商人竞相购买外国的轿车及电器产品。但是在这波潮流中，要成功就得遵守一项铁则：由于沙特阿拉伯的全体国民都是一夕致富，多数平民盲目地追求世界名牌，因此无论是贩卖汽车、家电或家具，商人唯有取得一流名牌的代理合同，才能确保成功。以销售汽车而言，代理丰田汽车的安利捷公司就是这类成功的例子。如果是代理印度等制造的产品，绝对无法成为巨商。

接下来还有另一种巨商类型。沙特家族兴起的过程中，有些企业家由于能抓住该家族的喜好，受提拔成为御用商人，因而不断壮大。先前提及的沙特阿拉伯最大的建筑企业——本·拉登集团，就是红海沿岸御用商人中的翘楚，而总部位于沙特阿拉伯首都利雅得的杰瑞希集团，则是负责供应办公用具及 IT 产品给沙特家族执掌的政府机关，两者均因此致富。

无论是红海沿岸的吉达还是阿拉伯半岛中央的利雅得，这些地方的企业家能够成长为巨商富豪，都是因为沙特家族掌控了阿拉伯半岛全土；而位于波斯湾（阿拉伯湾）沿岸一带的企业家，则是由于阿美石油公司带来的商机而成长起来的。

第二次世界大战后，阿美石油公司正式开挖石油，并借由各种建设工程，积极培养当地的小型企业。开发生产石油时，诸多工程必须承包出去，例如建设石油装运设备、石油与天然气的分离装置、输油管和员工宿舍，还有运送建材等工程。卡努斯集团、札米尔斯集团等就

> 美国《石油情报周刊》第 17 次将沙特国有的阿美石油公司评选为世界最大石油公司。同时，该公司以明显优势蝉联世界最大国有石油公司称号。

是因为承包阿美石油公司的工程，从小型企业一举变成大型企业，晋升为巨商之流。这些巨商在发展的过程中，皆与沙特家族达成了一项约定。这些巨商为沙特家族提供财政支持，而沙特家族给予的回报，就是保障他们从事商业活动时的自由与安全。如此一来，沙特家族得以专心经营政治及军事，不必插手干预商业贸易。这就是沙特家族与巨商之间的"分工合作"。

沙特家族出自贝都因部落，原本就对商业行为不感兴趣，在发现石油之前，必须有这些巨商的经济支持。此外，商人也期待沙特家族能够统治好蛮横粗暴的贝都因人，让他们能在全国各地安心经商，因此也乐于为沙特家族提供经济支持。日后，沙特家族获得石油带来的财富，不再需要商人的支持，但是石油带来的财富也让王室成员过着安稳的生活，因此更不需要去从事不喜欢的商业贸易。于是，沙特家族与这些巨商之间，在互不干涉彼此的领域保持着微妙的平衡关系。

　　包含上述提及的财阀在内，阿拉伯的民间企业几乎都是家族企业，经营权掌握在经营者及其家族手中。即使是股份公司，所有股份都由经营者及其亲戚掌控，可以说完全没有公开上市的企业。阿拉伯各国虽然也有股票市场，例如在沙特阿拉伯，但上市的企业却未满一百家，而且这些上市企业中，多数是政府持有大半股份的半国营石油化学公司及电力公司，或者政府为振兴产业，提供保护政策设立的水泥公司等。纯粹由民间出资的企业，大概就是银行之类的行业，局限在少数的特定业种。

小心阿拉伯商人的地雷

由于各家族财阀的持股从不公开，因此其实际的经营状况无法为外界窥知。在欧美或日本，任何人均可自由阅览上市企业的财务报表，而阿拉伯世界的做法却明显不同。日本企业打算与阿拉伯企业进行贸易往来时，这种认知差距会造成障碍。

我过去担任日本贸易振兴机构办事处代表时，工作是负责促成日本及沙特阿拉伯的民间企业的合作机会；而夹在两者之间，最令我劳心费力的问题，就是这种认知差距。

当我将认为适当的合作对象告诉日本企业时，日方最初的反应总是千篇一律："第一次听说这家企业，我们想先了解这是一家什么类型的公司，是否可以提供过去 3 年的各项财务报表？"对日本人而言，沙特阿拉伯的企业原本就比较陌生，国内侦探社也几乎没有相关的数据，即使利用网络搜寻该家公司的网站，上面也没有刊载重要的信息。我心想又是这种问题，同时抱着战战兢兢的心情去与对方企业洽谈，而对方企业的反应也相当强硬："本公司是家族企业，财务内容不对外公开。

公司简介上有老板的话，麻烦自行参阅。"话一说完，就如同是在施舍一般，递给我该企业的公司简介。公司简介上如果记载了营业额，就真要谢天谢地了。但是内容通常与商品宣传手册毫无两样。这种对待还算是客气，好几次我前去接洽时，有些企业态度极其冷淡，开口就直接让我吃了闭门羹："本公司的财务内容，凭什么透露给一家毫无来头的日本企业？"

日本普遍的观念认为，上市公司公开资产负债表是天经地义的事情，这可以让企业经营更加透明化。但是请各位读者思考一下，企业究竟为何得要公开财务内容？企业公开财务报表，是为了通过股票或公司债券等方式，从公开市场筹集资金。对于想要购买股票或公司债券的人而言，必须要有数据判断该家企业的业绩，而财务数据就是用来判断的重要线索。因此，各家公司就会通过网络等渠道，随时公开最新信息。由于这个因素，企业经营透明化的机制才得以完善，一般大众即使没打算购买股票或公司债券，依旧能够取得企业的数据。

但是对于非公开的阿拉伯企业而言，将财务内容公开出示给外部不特定的多数人，根本就没有必要。阿拉伯企业下属的公司当然也需要营运资金和设备资金，但是他们大可自掏腰包，或者向关系紧密的往来银行申办融资来筹集资金。

如果是大型财阀，集团底下就有自家的银行，直接可从自家银行调动资金。往来银行虽然熟知融资对象的财务状况，自然也不会对外公开。先进国家的群众高声疾呼，公开经营信息是企业的社会责任，但是这种说法的合理性毕竟是基于企业与消费者的相互关系。业务合作、代理合同、公司合并等企业伙伴之间的协议，如果直接向对方企业提出，当然会让对方发怒。

对于能够理解这些情况的日本企业，我总会建议他们："百闻不如一见，总之先到当地，与对方企业经营者直接坐下来谈谈，如何？"于是，大型企业就派出负责部门的经理或课长级的干部，而中小企

阿拉伯人比较保守，家族观念和等级观念都很强，不轻易相信别人，但整个民族具有较强的凝聚力。他们的谈判风格：1. 先交朋友，后谈生意；2. 对讨价还价情有独钟；3. 通过代理商进行商务谈判。

业则是由老板亲自出马，直接前往当地。对方企业的经营者满面笑容欢迎来访的日本企业，盛情接待远来的客人是阿拉伯人的传统，同时对他们而言，与日本企业的商谈，也是一大商机。在十分融洽的气氛下，双方展开了商谈。但到了最后拍板定案的阶段，针对合同条件及今后的合作方向，对方企业的经营者说出具体提案，等待 Yes 或 No 的关键时刻，日方反应却是两个极端。

大企业派遣的经理或课长都是同一套说辞："关于最终的结论，还要等回到公司与老板谈过后，才能给您答复。"此时对

方的经营者露出一脸纳闷的神情，心想："花了宝贵的时间商谈，能够当场作出结论才不会浪费彼此的时间吧？"有时甚至就直接摆上一副厌恶的表情。但是日本出差到当地的大企业经理或课长，并未获得授权，既无法答应对方，也不许直接拒绝而让商谈画上句点，一切都得回国向上级报告，等候老板拟定方案。沙特阿拉伯当地企业的老板凭自己的意思就能够决定，显然无法理解日本企业这方面的特殊作业流程。

相较之下，中小企业的老板由于是亲自出马，因此事情好办得多。到了最后决定的阶段，双方经营者当场就能作出结论。这样的商谈务实、单纯、快捷。

第2章

来势凶猛的经济巨鳄

迪 拜

迪拜正经历一场前所未见的开发热潮。

人人向往的奢华度假天堂

阿拉伯半岛邻近波斯湾的一侧，有 6 个君主制国家。位于波斯湾最内侧的国家是科威特，由此依序南下分别是沙特阿拉伯、巴林、卡塔尔、阿联酋，以及位于霍尔木兹海峡外侧的阿曼。

6 个国家虽然在国体名称上并不一致，分别使用"王国"（沙特阿拉伯、巴林）、"酋长国"（科威特、卡塔尔、阿联酋）、"苏丹国"（阿曼）等称呼，但全都是君主制国家。1981 年，六国成立了区域共同体组织——海湾合作委员会，而就在两年之前，伊朗革命推翻了巴列维王朝，伊朗伊斯兰共和国从此诞生。当时伊朗领袖霍梅尼宣言打倒这些海湾君主制国家，而出于对伊朗来袭的危机感，让上述 6 个国家团结一致，于是成立了"海湾合作委员会"。

波斯湾在阿联酋一带最为开阔，海岸线约有 350 公里，将对岸的伊朗远远隔开。由此一直到波斯湾出口处，两岸距离急速缩减；波斯湾出口处则隔着霍尔木兹海峡，与阿拉伯海相连。无论是在哪个时代，波斯湾沿岸各国的政治情势一直是硝烟密

布，而此处的自然美景却令人印象深刻、流连忘返。这里的太
阳总是璀璨闪耀。阳光下，远近的沙滩及清澈的碧绿海水无尽
延伸。站在海边，仿佛置身人间天堂。唯一令人遗憾的是，海
边连一株椰子树也不见踪影。11 月到来年 2 月是当地的冬季，

迪拜塔

在这 4 个月里会有零星降雨，海岸上也能发现摇曳生姿的鸢尾
花，而从 3 月到 10 月却是连一滴雨水也没有，沙滩上只有低矮
的灌木稀稀疏疏地散布，更别指望会有椰子树能够遮阳。

　　波斯湾沿岸呈现出如此景色，加盟阿联酋的迪拜就坐落其
间。迪拜现在正经历一场前所未见的开发热潮。据称，全球 20%
的建筑起重机和 80% 的挖泥船都集中在迪拜。地面上起重机轰隆
作响，砂石车来回穿梭，扬起阵阵尘埃。由于有邻近各国滚滚流

33

入的油元作为后盾，迪拜的街景不分日夜地在改头换面。

现在的迪拜犹如"阿拉丁神灯"里的世界，全球最高大楼"迪拜塔"就是最佳的代表。迪拜塔已超越中国台湾高达 508 米的台北国际金融大楼，而且每天都在改写世界纪录。根据小道消息，迪拜塔高度将达到 800 米以上。为何说是"小道消息"呢？因为业主自己也没有明定最终的建筑高度。此外，迪拜现正规划兴建一栋超乎常理、各层都会旋转的商住大厦。由于这栋大厦每周分层旋转，因此不论房间位于大厦的哪个方位，都能眺望到海景。在海滨的度假休闲大厦，通常是面向海景的房间价钱较贵，面向陆地的房间则比较便宜，而这栋大厦里的房间价格则没有差别。

同时，在迪拜的海面上，挖泥船正在开挖海底泥沙，用来兴建巨大的海埔新生地。从上空俯瞰其中一个已竣工的新生地，看起来如椰子树的形状，树干的部分便是连接陆地的对外道路，而枝叶部分则建有数千户的别墅，家家户户都有各自的游艇码头，庭院里也种着真正的椰子树。盛夏时节的迪拜完全不降雨，而没有雨水灌溉，椰子树会枯死。因此，在这块新生地上，特别搭建管线连接郊外的海水淡化厂，引来淡水浇灌椰子树。于是，盖在此处的别墅一完工，全球各地的富豪竞相前来购买，据说"足

> 一幢房子就是一座岛屿，一家人可以有自己的私人码头、私人直升机、停机坪、海水淡化装置等。

球金童”贝克汉姆等超级名流也在其中。

这类用来兴建别墅的海埔新生地，另外还有几处正在开发，其中之一就是名为“世界岛”的观光景点。世界岛共由 300 座以上的独立岛屿组成，拼凑出来的形状跟世界地图没有两样。300 多座岛屿中，也有状似日本的小岛。这些岛屿依据面积大小，分别以近 1 100 万美元到 5 500 万美元不等的价格，转售给建筑业者，再由建筑业者于岛上兴建饭店或别墅，然后分开出售。世界岛目前已有八成的岛屿完工，使用 Google Earth 卫星图像服务观测，可以清晰地辨认出宛如世界地图的图形，看起来就像是地球上的另一个地球。

迪拜当下的开发热潮最适合用“疯狂”一词形容。看在日本人的眼中，虽然事不关己，还是不禁联想到旧日噩梦，一旦石油泡沫破灭，后果该如何收拾？但是一头热的开发商根本就听不进去，认为这样的担心只是出于穷人的酸葡萄心理。话说回来，在日本的泡沫经济时代，创业的人不也是随着时代潮流的趋势，鄙视辛勤工作的上班族，而沉迷在金钱游戏里。身处于这股潮流之中的人，绝对不会悲观地认为泡沫经济会破灭，而只能在远处看着的平民百姓，则是带着半羡慕半嫉妒的心情，想象这些人总有一天也会落魄潦倒，并且期待着自己的想法成真。

日本的状况果然符合了平民百姓的期盼，而迪拜的情形又将如何？不管怎样，迪拜握有一盏阿拉丁神灯，亦即取之不尽、用之不竭的石油，而日本人的伦理观则视勤勉刻苦为美德，认为艰难困苦能成就个人，或许两者的情况终究无法拿来相提并论吧。

直到 20 世纪中叶以前，迪拜只是波斯湾沿岸随处可见的荒僻村落之一，此地居民的生活相当困苦。但是相较于其他村落，迪拜有着得天独厚之处，拥有水深足够的泻湖地形，具备了成为天然良港的条件。

迪拜一直都由马克图姆家族统治。该家族原先居住于阿布扎比，1833 年由族长巴堤率领着 800 位族人移居迪拜，振兴了马克图姆家族。他们在迪拜靠着渔业及采集珍珠为生。自古以来，波斯湾一直都是天然珍珠的知名产地；奥斯曼土耳其帝国及欧洲的王公贵族，都相当喜爱此地出产的珍珠。

然而，光靠采集珍珠，仅能勉强糊口，因此迪拜居民还有一个秘密的副业，也就是从事海盗活动，劫掠来往于波斯湾的贸易船只。他们搭乘独桅帆船从迪拜湾出击，达到目的就一哄而散，分头逃回湾内。要为马克图姆家族的声誉说句公道话，当时从事海盗活动的不是只有他们而已，组成现在阿联酋的其他酋长国，例如阿布扎比等国，也都干过同样的勾当。

然而，在 20 世纪初期，珍珠采集与海盗副业均遭受日本及英国毁灭性的打击。20 世纪初期，日本的御木本幸吉成功发展了养殖珍珠事业。他养殖的珍珠由于大小均一，而且供给稳定，瞬间席卷了全球市场。他曾说过一句著名的豪语：**"我要让全世界的贵妇脖子上都戴着御木本的珍珠。"**由于养殖珍珠业兴盛的缘故，距离日本遥远的波斯湾，逐渐不再采集天然珍珠。

另一方面，海盗活动则是被英国出手遏止。当时的英国君临七海，独占全球贸易利益。在波斯湾这个区域，英国为了贸易船队的安全，派遣了海军舰队负责护卫，但波斯湾沿岸的这些酋长仍是运用神出鬼没的独桅帆船，从事着海盗活动。面对这种无休止的攻防战，英国海军伤透了脑筋。不胜其烦的英国干脆彻底攻击这些酋长国。面对近代武器，这些酋长国毫无胜算，只得配合停止海盗活动（休战）。于是，包含迪拜在内的波斯湾沿岸各国均成为大英帝国的附属国，直至第二次世界大战结束后才得以独立；而在独立之前，这些国家就被称为"休战酋长国"。

促使这些国家独立的转机是发生于 1967 年的第三次中东战争：

> 这场战争又称为六日战争，最后由以色列获得压倒性胜利告终。由于这场战争失败，埃及总统纳塞尔及其提倡的泛阿拉伯主义权威扫地，英国也不得不撤出含波斯湾在内的苏伊士以东地区。伊朗国王巴列维看到这段政治空窗期，想要独霸整个波斯湾地区。休战酋长国的首长为了对抗伊朗的威胁，通过英国的居中斡旋，决定各自独立，并且组成联邦，也就是现今的阿联酋。

关于阿联酋的诞生，还有以下的一段秘史。

　　除了已经独立的科威特、沙特阿拉伯和阿曼，英国
当时希望所有的首长国共同组成联邦，卡塔尔及巴林原
本也是预定的成员国。但是卡塔尔夹在阿布扎比与巴林
之间，与两国一直有着领土纠纷，过去也有过数次遭受
侵略的历史，因此卡塔尔希望能够自己独立。巴林则因
为是波斯湾沿岸的主要交易据点，自古以来就拥有独自
的历史与文化，而且在沿岸各国中，巴林最早发现石油，
金融行业呈现高度发展，因此看待其他的首长国时，巴
林总是抱持强烈的优越感。从巴林的立场来看，其他的
首长国只是一群粗鲁、没有教养的乌合之众，骄傲的自
尊不允许自己与这些国家为伍。

　　于是，除去卡塔尔及巴林，阿布扎比、迪拜等共计
7 个首长国组成了联邦。阿布扎比此时已开始正式生产
石油，其他的首长国似乎都是为了分一杯羹而加入联邦。
迪拜虽然也生产微量的石油，但同样还是依赖着阿布扎
比的经济支持。

　　1971 年 12 月，阿联酋正式建国，总统为阿布扎比
酋长，副总统则由迪拜酋长担任。

赛马场上的大马主

现在的第十代迪拜酋长是穆罕默德·本·拉希德·阿勒·马克图姆，他是第八任酋长拉希德的第三个儿子。1958 年即位的拉希德酋长是一位英明的君主，他将迪拜带上近代国家的道路，获得了高度好评。拉希德有 4 个儿子，依照长幼顺序分别是马克图姆、哈姆丹、穆罕默德和阿玛德。拉希德逝世后，由长子马克图姆继任为迪拜的第九任酋长。2006 年，马克图姆于澳大利亚旅行时猝死，于是由穆罕默德继任为第十任酋长，直至今日。拉希德的二儿子哈姆丹担任迪拜副酋长，而小儿子阿玛德则是阿联酋中央司令部指挥官。

第八任酋长拉希德即位时，迪拜虽然已是贸易运输的中继港，成为周边地区商人的据点，但绝对称不上富裕。1971 年，迪拜与阿布扎比同时独立后，还是和其他酋长国一样，依赖着阿布扎比的石油收入，仍旧是一个寂寂无名的小国。

以当时日本民众的普遍认知而言，一提到阿联酋，只会联想到阿布扎比；但在迪拜独立不久后的 1973 年，一起事件让迪拜的名字在日本大众媒体上闹得沸沸扬扬，也就是"日航劫机事件"。

　　1973 年 7 月 20 日，一架由巴黎飞往东京的日航客机遭到日本赤军劫持，降落迪拜国际机场。劫机歹徒挟持 145 名机组成员及乘客作为人质，要求日本政府支付 40 亿日元的赎金，以及释放两名赤军同伙。最新报道通过外电传回东京时，无论是日本外务省（相当于外交部）还是大众媒体，全都陷入了一片混乱。"迪拜究竟位于何处？"针对这个问题，完全没有人知道答案。日本只在阿布扎比设立了大使馆，于迪拜当地还未建立领事馆。派驻阿布扎比的大使馆人员急速赶到迪拜的这段时间里，日本政府完全掌握不到独家情报。当时，利用国际电话将事件最新进展传回日本的人物，是某家综合商社派驻迪拜的职员。关于情报网络，遍及世界的综合商社远比日本政府来得完备。

　　遭到劫持的飞机之后三天都停在迪拜国际机场的跑道上。此时，机场塔台有一名年轻的国防大臣负责第一线指挥，在气氛紧张的情况下，与劫机歹徒进行交涉。这名年轻的国防大臣就是当时迪拜酋长拉希德的第三个儿子穆罕默德，也就是现任的迪拜酋长。这架日航客机之后转往利雅得，机组成员与乘客在当地获释，劫机犯也向利雅得当局投降，整起事件就此平安落幕。日本政府为了感谢国防大臣穆罕默德，招待他前往日本。

这起劫机事件发生的同一年，第一次石油危机出现，为迪拜带来了最初的转机。迪拜的石油生产量极少，仅达阿布扎比的 10%，然而原油价格一举由每桶 2 美元上涨到 10 美元，迪拜的收入也因此急速增加。1979 年，第二次石油危机出现，原油每桶 20 美元的时代来临。于是，20 世纪 80 年代的迪拜也和阿布扎比等产油国一样，尽情享受着美好的日子。虽然拉希德酋长担心石油枯竭的前景，倾注心血改善能让迪拜成为贸易据点的基础建设，例如兴建新机场，开设杰贝·阿里自由贸易特区；而拉希德的 4 个儿子却在用石油赚来美元之后，开始尽情享乐。

他们进军的目标是世界的赛马场，也就是名种马的世界。 马克图姆四兄弟不惜金钱，大事购买纯种名马。1983 年，他们用 1 020 万美元买下著名品种"北方舞者"的纯种马。这样的价格在当时是令人难以置信的高价，纯种马的行情也因此飙涨；而在当时的石油消费国里，大概只有在景气良好的日本，受惠于泡沫经济的上流人士才能与马克图姆四兄弟互较高下吧。马克图姆四兄弟拥有的名驹称霸多场赛事，自 1985 年到 1998 年，他们在英国缔造了连续 14 年赛马排名第一的纪录，战绩辉煌。

他们投下总额将近 5 亿美元，购买了 1 000 匹纯种马，但是赢取的比赛奖金总共只有 4 000 万美元。即使将这些名马配种赚得的费用算在内，这笔投资纯种马的生意仍旧无法说是成功的。从结果来看，赛马之类的比赛中，输的总是买马票的民众以及富有的马主，只有在比赛中坐庄的政府才是最后赢家，这似乎是古往今来不变的真理。

然而，自从拉希德的长子马克图姆于 1990 年继任酋长之后，四兄弟就由马主转而当起了育种者，现在更是获得了"最佳育种者"的称号。他们在全球各地拥有 22 座马场，随时都有 900 匹繁殖用的母马以及 1 200 匹以上的比赛马在这些马场接受调教培训。马克图姆酋长 2006 年客死于澳大利亚，据说他这趟旅行的目的就是去巡视名下的马场。

在赛马的赌博项目上，马克图姆四兄弟蒙受了多达数亿美元的巨额损失，当然对于有着充裕油元的马克图姆家族来说，

> 他们在全球各地拥有 22 座马场，随时都有 900 匹繁殖用的母马以及 1 200 匹以上的比赛马在这些马场接受调教培训。

这点损失根本就算不上什么。但是马克图姆兄弟在纯种马的世界经历了商场的严苛，这番体验成为他们今日宝贵的财产，其结果就是将迪拜逐渐建设成为世界一流的观光胜地，而且又募集邻近各国的油元，成立了巨大的投资基金，渐渐获得了全球金钱游戏的参赛资格。

这四兄弟走过的全球赛马场是最顶级的博弈圈子，也是王公贵族的社交场合。当时的社交经验，应该都被活用在迪拜观光度假设施的建设概念上；而在赛马中培养出来对于胜负的直觉，大概也适用于投资的金钱游戏上，因为现代的金钱游戏正是一场运用头脑的赌局。

"硬件建设政策" 延续迪拜不败神话

20 世纪前期，迪拜在发展珍珠事业上，败给了日本的养殖珍珠，海盗副业又遭到英国打压，因此经济状况跌入谷底。1958 年，拉希德继承父亲的王位，成为第八任酋长后，千方百计想要挽回经济上的劣势，于是决定利用迪拜唯一的财产——天然良港，将周边各国的贸易者招揽过来。

但是由于船舶体积逐渐变大，而迪拜港口水位较浅，船舶只能在涨潮时入港，因此必须疏浚航路。至于疏浚所需的资金，拉希德酋长作出了一个果敢的决定，就是向科威特政府贷款。所有人都怀疑迪拜是否有能力偿还，这看上去是一个多么有勇无谋的计划，但科威特政府还是答应提供融资。迪拜港疏浚工程就在 1959 年开始动工。于是，迪拜成为了周边各国的中转站，是受到高度好评的转口贸易基地。迪拜冒着借款的风险，投入执行的首次大型建设计划大获成功。

1966 年，迪拜近海发现了海上油田，于是迪拜也步入产油国的行列，在 20 世纪 80 年代的石油热潮中受惠。但是这处油田的石油储藏量不多，根本无法与阿布扎比的相提并论，而且自从开始生产后，产量年年减少，显然油田早晚会枯竭。因此，迪拜必须尽快扶植起可以取代石油的产业。拉希德酋长此时又决定豪赌一场，他计划借由投资大型基础建设工程，振兴迪拜国内经济，其中一项措施就是成立国营航空公司，并且建设国际级的大型机场。此外，拉希德酋长还计划开设新港湾以及邻接新港湾的自由贸易特区，同时开始着手建设现代化高级饭店。

阿联酋最大的港口——迪拜港

　　海湾合作委员会的六个国家中，沙特阿拉伯与科威特早就成立了国营航空公司，国力较弱的巴林、卡塔尔、阿布扎比和阿曼也共同成立了"海湾航空"。在这样的环境下，迪拜成立自己的航空公司，而且还因此新建机场，实在是一大赌注。根据当时这个地区的整体经济情况考虑，大型机场及自由贸易特区极可能沦为无用之物。

但是拉希德酋长坚信:"只要容器成形了,自然有东西可以装。"也就是说,先行投资才是迪拜的生存之道。他的构想十分宏伟,企图让迪拜摇身变成一大物流据点,业务范围将涵盖中亚到非洲东海岸。大型的港湾设备及自由贸易特区会引来全球

迪拜上空俯视图

各地的物资,而迪拜将成为这些物资在中亚和东非之间转运的基地,周边各国自然也包含在物流营运的范围内。一旦这个构

想实现，来自世界各地的商务人士也将集聚迪拜。为了这些商务人士，迪拜先建设新机场，并且成立了国营航空公司（阿联酋航空）。过去迪拜向科威特政府贷款疏浚港口，建造了中东最大的港湾，因此拉希德酋长再次梦想着打造出相同的成功经验。

拉希德酋长的构想准确预测了现实的发展。他一手兴建的杰贝·阿里自由贸易特区，如今已有多达6 000家企业进驻，其中有近百家日本企业在此设点。而且，迪拜国际机场也成长到全球排名居前的规模。阿联酋航空的飞机更是翱翔在世界各地，还有直飞日本关西国际机场及中部国际机场等地的班机；反而是早先成立的海湾航空，如今正面临着倒闭的危机。通过大规模投资兴建基础建设，也就是所谓的"硬件建设政策"，这一次也获得了成功。

1990年，拉希德酋长去世，长子马克图姆成为新酋长后，迪拜的扩大建设政策仍然没有停止，甚至在穆罕默德接下马克图姆的酋长之位后，建设的脚步越发加快。从最近迪拜的建设热潮来看，"硬件建设政策"可说是迎来了第三黄金期。此时的建设重点不限于开发观光景点，市内也同时进行形形色色的开发建设，例如迪拜硅绿洲、迪拜国际金融中心、迪拜媒体城、迪拜健康城等。由完成构想图看起来，市内四处林立着设计大同小异的高层大厦，仿佛沙漠雨后开出遍地花朵一般的风景。日本许多地方政府由于过度投资开发，如今不知该如何收拾残局，例如北海道企图发展为煤矿都市的开发计划等，因此对于

"硬件建设政策"仍是心有余悸，针对迪拜一意孤行的做法，大多数人抱持着怀疑的态度。但是在迪拜当地，完全嗅不到一丝担忧的气氛，甚至出现了对消极做法的不屑风潮。只要周边各国的油元不断流入迪拜，迪拜积极建设的热潮就不会止歇。这样的做法最后是否能够成功，结果也只有唯一的真神阿拉才会知道。但有一点是毫无疑问的，迪拜不败的神话仍会不断继续。

一头牛剥两次皮的魔法

马克图姆家族的穆罕默德酋长是一位有钱人，这一点毋庸置疑。但他是不是一般大众所谓的富豪，则有待讨论。20 世纪 80 年代的第一次石油热潮时，马克图姆四兄弟大事购买赛马，他们当时无疑适合称为富豪。但是现在的穆罕默德酋长，与其说他是一位富豪，倒不如称他为"迪拜酋长国股份有限公司"的 CEO，或者说是"迪拜酋长国基金"的经理人，这样反而比较名副其实。迪拜现今仍生产石油，然而产量只有阿布扎比的三十分之一而已。迪拜的国民生产总值中，石油所占的比例仅有 5%，因此不可能有大笔油元直接落入穆罕默德酋长的口袋。

第二次石油热潮来临时，在沙特阿拉伯、科威特、阿布扎比等海湾产油国家，庞大数额的油元从天而降。这些国家对于任何事都抱持保守的态度，因此过去都是将油元投资在风险较低的美国政府公债上。但是 2001 年发生了"9·11"恐怖袭击事件，全美掀起一波反阿拉伯的狂潮，而这股狂潮也导致了阿拉伯各国的反美情绪增温，产油国相继取出在美国的美元存款，开始转换投资到自己国家和其他阿拉伯国家。

然而产油国本身的产业并不发达，因此油元的投资对象极为

伊丽莎白女王II号

有限。也就是说，**钱从美国流回后，产油国家却无法在国内找到新的投资标的**。这时，这些产油国看到了迪拜着手进行的多项开发建设以及迪拜在全球各地展开的企业并购案，于是，油元如同雪崩一般，大量地涌入迪拜；而迪拜仿佛是宇宙中的黑洞，无限地吸收着流入的油元。

由此可知，穆罕默德酋长兴起这波开发热潮时，运用的是别人的钱，而不是自掏腰包。他的父亲拉希德已经完成了港湾、机场、自由贸易特区等基础建设，因此穆罕默德就计划利用这些完善的基础建设，建立一个崭新的产业，即观光产业。迪拜相继兴建高级度假饭店，有着全长 300 米滑雪道的室内天然滑雪场也已完工。盛夏的白天，沙漠国家的室外温度将近 50℃，而滑雪场内的温度则是接近 0℃，俨然是另外一个世界。

迪拜政府运用来自邻近产油国的资金，着手推动多项观光开发计划。迪拜买下曾有"海上贵妇"之称的伊丽莎白女王 II 号，试图将这艘邮轮打造成迪拜港外的海上高级饭店。此外，迪拜还从美国引进环球影城，并预定于近日开幕，这将会是阿拉伯世界的第一个主题乐园。

迪拜兴建这些饭店及主题乐园，目的是吸引邻近阿拉伯产油国的家庭前来观光、消费，借此赚取外汇。迪拜有着全球数一数二的、具备最新型客机的大型国际机场，再加上设备完善的高级饭店，迪拜已作好迎接观光旅客的万全准备。利用从邻近各国筹得的资金建设观光设施，再对来自这些国家的观光客大赚一笔。一只牛连剥两层皮，穆罕默德酋长施展的魔法，只能用叹为观止来形容。

穆罕默德酋长的魔法不只是施展在国内的观光开发产业，他还运用来自邻近产油国的油元，接二连三地成立投资基金，例如迪拜控股、迪拜世界等。这些投资基金锁定欧美的一流企业，相继进行企业并购。这些基金的野心十足，光是从最近的投资动向来看，除了收购欧洲空中巴士的总公司欧洲航天集团 3% 的股份，还成为德意志银行第五大股东。在并购美国高级服饰连锁店巴尼斯时，这些基金与日本的"迅销服饰"（优衣库母公司）展开了一场激烈的争夺战，最后在迪拜的银弹攻势下，优衣库只得含恨退出。这些基金的投资标地没有定范围，甚至进军赌界大本营拉斯维加斯，取得了高级赌场米拉梅的经营权。

　　穆罕默德酋长掌控的一系列迪拜国营投资基金，投资方式与欧美基金没什么两样。因此，这些基金没有限制投资的对象。但是最近备受瞩目、成长快速的伊斯兰基金，资金运用必须遵守伊斯兰教的戒律。伊斯兰教禁止赌博和喝酒，所以伊斯兰基金遵守着这些戒律，完全不投资啤酒公司或赌博产业。由于猪肉也受到禁止，因此即使是经手猪肉买卖的食品业者（先进国家没有不从事猪肉买卖的食品业者），也会被从伊斯兰基金的投资名单上除名。伊斯兰基金会在公司内部设立"伊斯兰律法遵循委员会"，请来外界娴熟伊斯兰教义的专家，严格审查投资标的。处于这样的潮流之中，穆罕默德酋长的基金却投资了拉斯维加斯的赌场，沙特阿拉伯等地的出资人对此有何看法，实在是很耐人寻味的问题。

谁是最具魅力的海湾名流

穆罕默德酋长的一个名号是"迪拜股份有限公司 CEO"。原因无他，**迪拜的所作所为就是资本主义社会的企业从事的工作，而穆罕默德酋长就相当于是这家迪拜股份有限公司的最高经营负责人**。由于他是迪拜的酋长，同时也是马克图姆家族的族长，似乎可以将他称为迪拜股份有限公司的大老板；但是公司经营资源最重要的资金，却是来自于周边产油国投资的油元，CEO 的头衔或许比大老板的称呼来得合宜。不仅如此，以他本人拼命的工作态度而言，似乎还是 CEO 的称呼比较合适。

　　海湾某家调查机构曾对阿拉伯世界的 500 位年轻人进行问卷调查，问卷的题目为"谁是最具魅力的名流"。调查结果显示，穆罕默德酋长综合排名第四，是获票数最多的阿拉伯人。附带提一下，这项调查的前三名分别是布莱德·皮特、约翰尼·德普和乔治·克鲁尼，全都是美国的英俊男演员。也就是说，穆罕默德酋长获得的评价与这些英俊男演员等级相同。

　　他能够如此受到年轻人的欢迎，或许也是因为当前评价人物的潮流，往往将个人在经济领域的成就视为一大重点。

穆罕默德酋长的基金相继并购世界的一流企业，最近甚至开始将触角延伸到了资本主义的重镇——证券交易所。迪拜证交所出价 40 亿美元，对北欧联合证交所进行并购，但是遭到北欧联合证交所以及在北欧联合证交所背后撑腰的瑞典政府的强力抵抗，双边都不愿妥协。就在同时，经营美国纳斯达克股市的纳斯达克证交所则着手收购伦敦证交所的股份，但未能取得过半经营权，于是陷入进退两难的局面。因此，纳斯达克证交所与迪拜证交所双方协议，由纳斯达克证交所买下迪拜证交所持有的北欧联合证交所股权，而迪拜则可获得 20% 的纳斯达克证交所股权，同时取得伦敦证交所 28% 的股权。于是，纽约、伦敦以及迪拜相隔半个地球的三地证券市场，就此联结在一起。现今全球通过这三大证交所，再加上新加坡、东京和北京的证交所，24 小时都能买卖股票。东京交易所的地位似乎也不是绝对的安稳。

迪拜进行的企业并购案并非全数成功，在收购英国铁行轮船公司的过程中，就尝到了苦头。2006 年初，英国铁行轮船公司列入待并购名单时，穆罕默德酋长的投资基金之一的迪拜港口世界公司立刻表示有意愿收购这家公司。当时的竞争对手是新加坡港务集团，该集团是全球首屈一指的港务管理营运公司。由于新加坡港务集团也是新加坡政府旗下的产业之一，因此这场并购也可说是迪拜与新加坡两国政府的战争。激烈争夺的结果是，迪拜港口世界公司付出 69 亿美元，收购了英国铁行轮船公司，于是迪拜港口世界公司预计可跃升成为全球第二的港湾管理公司，仅次于新加坡港务集团。

然而，让迪拜始料未及的是，美国国会竟然插手干预。英国铁行轮船公司掌管了美国国内六大港口的经营权，其中包含了纽约、巴尔的摩和新奥尔良等地。一旦英国铁行轮船被并购，这些港湾的经营权自然就落入迪拜港口世界公司的手中。美国国会因此大加挞伐："由属于阿拉伯势力的迪拜港口世界公司管理经营的话，阿拉伯恐怖分子可能就会利用这些港口潜入美国。"自"9·11"事件以来，美国对于"阿拉伯势力"以及恐怖组织仍深深恐惧。由于穆罕默德酋长重视与美国之间的友好关系，结果不得不放弃美国 6 个港湾的经营管理权。

迪拜港口世界公司预计可跃升成为全球第二的港湾管理公司，仅次于新加坡港务集团。

迪拜的投资基金还有其他的失败事例。新西兰的奥克兰机场民营化招标案，迪拜也参加竞标，并且开出了最优厚的条件，几乎确定能够中标。但这个案子也由于新西兰政府的异议，最终不了了之。

并购巴尼斯之类的百货零售业或者拉斯维加斯米拉梅赌场等娱乐业，美国国内不会出现反对的声音；但并购对象若是港湾或机场等设施，由于是实施反恐措施的第一线，阿拉伯世界的投资基金似乎就会遭到排斥。

迪拜仗着财大气粗收购任何企业，连伊斯兰金融界禁止的行业，迪拜也照常投资。对于迪拜这种做法，身为投资目标的欧美各国均抱持着戒心，提供迪拜资金的沙特阿拉伯等国家也日益担心。

穆罕默德酋长敏锐地察觉到，迪拜已被视为一头经济巨鳄，因而力图改善自己国家的形象。改善的方法之一是捐出 10 亿美元成立"阿拉伯教育基金"，从事阿拉伯各国的人才开发与教育。一般认为，阿拉伯世界就是由于年轻人失业问题严重，因此才会成为恐怖分子的温床。穆罕默德酋长计划运用这笔基金，让年轻人获得职业训练，以此减少失业问题，解决社会贫困，进而使恐怖分子消失。

此外，在 2004 年，穆罕默德酋长（当时仍是王储身份）与约旦王室哈希姆家族结为亲戚，迎娶约旦国王同父异母的妹妹哈雅公主为第二位王妃。这桩婚姻的目的似乎也可说是为了提升马克图姆家族的形象，摆脱被邻近各国轻蔑为暴发户的看法。哈希姆家族虽然现在只不过是贫穷小国约旦的执政者，但是回溯这个家族的起源，先祖可是创立伊斯兰教的穆罕默德，家世十分显赫。这桩婚姻无疑能够提升马克图姆家族的形象；对于贫困的约旦而言，能与迪拜结亲，今后无论如何都会是有利的吧。举一个比较俗气的例子，日本在第二次世界大战结束后的混乱期，一朝致富的暴发户迎娶家道中落的贵族千金为妻，这样的情形似乎与上述婚姻有些相似。

迪拜成功的秘诀

迪拜能够获得如此辉煌的成就，究竟有什么秘诀？

首先就是迪拜得天独厚的自然条件：拥有天然良港。但是光有优越的自然条件，国家或城市还是无法发展起来。因此，穆罕默德的父亲拉希德酋长展现出来的先见之明以及他周到的思考、果敢决断的执行能力，才是迪拜成功的最大秘诀。

其次，穆罕默德酋长四兄弟通过赛马娱乐，磨炼出对于国际商场的敏锐度，这点也不能不提。尽管在赛马上投资了 5 亿美元，获得的奖金总额却只有 4 000 万美元，但问题并不在损失的金额多寡。赌博不正是让他们锻炼出商场敏锐度的最佳负面教材吗？

而且，时代的潮流也涌向了迪拜。扩展迪拜港、新建大型机场，以及开设自由贸易特区等先行投资建设被说成是有勇无谋，却准确地命中了时代的需求，一举让迪拜成为其他城市望尘莫及的最尖端都市。因此，迪拜成功的第二个秘诀就是"时运"。

此外，迪拜的成功还要加上另一个因素，那就是迪拜与阿布扎比的关系。阿联酋的财政收入中，阿布扎比的石油占了 80%。因此，外交、军事、内政以及与经济相关的工作，几乎都由阿布扎比掌控。如果将 7 个酋长国比喻为一个家庭，阿布扎比就像是责任感强烈的长子，不但是全家的支柱，一手揽下所有麻烦，而且还会慷慨地给几个弟弟零用钱花。相较之下，迪拜则像是无忧无虑的老二。复杂棘手的国际外交、与邻近各国之间的纠纷，还

> 迪拜如果今后还要继续享受"次子无忧无虑的生活"，必须小心不惹恼长兄阿布扎比。

有增加石油收入的计划等，这些事情都由身为兄长的阿布扎比一肩扛起，迪拜只需思考自己感兴趣的赚钱问题。迪拜得以成功，也是因为"身为无忧无虑的次子"。

迪拜如果今后还要继续享受"次子无忧无虑的生活"，必须小心不惹恼长兄阿布扎比。如同世人所见，迪拜的穆罕默德酋长与阿布扎比的穆罕默德王储似乎交情匪浅。两位穆罕默德的友好关系若是能够持续下去，迪拜的将来或许暂时用不着担心。

第 3 章

"阿拉伯的巴菲特"

瓦利德王子

"阿拉伯的巴菲特"PK"美国的瓦利德"。

《福布斯》认证的大富豪

根据美国财经杂志《福布斯》公布的 2007 年全球富豪排行榜，沙特阿拉伯王室的瓦利德王子名下资产共计 203 亿美元。排行榜第一名是创立微软的比尔·盖茨，拥有的总资产是 560 亿美元。近十年以来，比尔·盖茨一直稳居第一名宝座。瓦利德王子的综合排名曾经到达第 2 名，仅次于比尔·盖茨，但是近年排名呈现下跌趋势：2005 年第 5 名，2006 年第 8 名，2007 年则是第 13 名。

排名下跌是由于金砖四国（巴西、俄罗斯、印度、中国）的经济崛起，相继出现新兴富豪，而不是因为他所拥有的资产缩水。瓦利德王子 2006 年的资产为 200 亿美元，经过一年的时间，增加了一点点。轻描淡写地说是增加了一点点，然而一年内增加了 3 亿美元，这个金额已经不是一般平民所能企望的。

这个排行榜前 100 名都没有日本人上榜。到了第 129 名，总算看到软银总裁孙正义的名字。孙总裁的资产为 58 亿美元，不及是瓦利德王子资产的 1/3。瓦利德王子毫无疑问是全球最富有的阿拉伯美国人，在他之后是排名第 52 的科威特财阀卡拉菲家族。如果以产业类别划分，瓦利德王子归于"投资业"，在富豪投资家之中，他的排名仅次于综合排名第 2 名的沃伦·巴菲特。因此，瓦利德王子也被称为"阿拉伯的巴菲特"。身为王子好友的巴菲特曾因此写信给王子，替他加油打气，信中提到："在奥马哈，我被称为'美国的瓦利德'。"此外，瓦利德王子是沙特王室的成员，可是如他一般的王族富豪却别无名号。瓦利德王子同时拥有王族、投资家以及大富豪三个头衔，确实是史上罕见的人物。

　　他是如何创造出高达 203 亿美元资产的呢？详情容后再谈。在此先通过他拥有的企业集团"王国控股公司"的投资明细，检视一下瓦利德王子现有的资产内容。首先，从投资部门类别来看，王国控股对于银行等金融机构的投资占 53%，主要是针对美国花旗集团投资。瓦利德王子现在拥有花旗集团 3.9% 的股权，是该集团最大的个人股东。继银行业之后，王国控股第二大的投资锁定了酒店业。他是国际级高级连锁饭店"四季饭店集团"的老板。

身为王子好友的巴菲特曾因此写信给王子，替他加油打气，信中提到："在奥马哈，我被称为'美国的瓦利德'。"

此外，总部设在瑞士的莫凡彼克集团也是他名下的产业。主要于北美各地设立高级酒店的菲尔蒙特集团，瓦利德王子也拥有 5% 的股份。其他像是巴黎顶级酒店"乔治五世"，则是由他全额控股；而纽约的广场饭店也有 10% 的股权握在他的手中。

　　大众媒体、通讯以及 IT 产业也是瓦利德王子的重点投资领域。这些领域的投资名单上，洋洋洒洒地列着众多一流企业，例如新闻集团、时代华纳、苹果公司、惠普、柯达、摩托罗拉、亚马逊网络书店等。不动产事业是瓦利德王子建立财富的基础，如今也占了他整体投资比例的一成。不动产事业的重心主要是位于利雅得最繁荣大道上的"王国中心"。"王国中心"是一项

总部设于加拿大多伦多的四季饭店集团

大型都市开发建设计划，整体建筑包含了购物中心、办公大楼、高级大厦和学校等设施，所有工程已于 2003 年秋季完成。王国塔为该中心的地标，高 303 米，是沙特阿拉伯首屈一指的超高摩天大楼，气派非凡；而王国控股的总部就设在王国塔顶层。

王国控股 80% 的投资标的都在海外，沙特阿拉伯国内的投资仅占 20%。瓦利德王子的投资活动以美国为主，再扩及全球。他最近特别针对阿拉伯世界及非洲各国开始扩大投资；而且由于响应伯父阿卜杜拉国王提出的"东望政策"（与亚洲经济关系的强化政策），瓦利德王子也开始积极投资中国。如果将投资标的区分为上市企业与非上市企业，上市企业的投资比重占了整

体的 80%，非上市企业则是 20%。也就是说，王国控股的投资标的多半是上市企业。

以上是瓦利德王子的投资资产明细。除此之外，他的个人资产还有利雅得的豪宅、一架最新巨型双层空中巴士客机 A380、大型游艇等，总价值大约 21 亿美元。

瓦利德王子出生于 1955 年，如何在大学毕业后不到 30 年的时间里，建立起如此巨大的财富？他如果少了"王子"的头衔，就无法达成如此成就；而且他如果不是沙特家族一群王子中的"非主流人物"，一切也不会成真。

华丽显赫的家世

瓦利德是沙特家族的王子，他的全名为 HRH Prince Al Waleed bin Talal bin Abdul Aziz Al Saud，相当冗长。开头的 HRH 是尊称 His Royal Highness 的缩写，意思相当于"殿下"。阿拉伯人的姓名通常先是个人的名字，接着是父亲及祖父的名字，每个名字之间会加上 bin 一词，代表"儿子"的意思（女儿则是 bint）；通常会在名字最后冠上家族名。至于家族名前面加上的 Al，相当于英文的定冠词 the，意思也就是某某家族。因此，他的全名就是"沙特家族阿卜杜勒·阿齐兹之子塔拉勒的儿子瓦利德王子殿下"。

阿拉伯人的名字中，常见的有阿卜杜拉（Abdullah）、苏丹（Sultan）或沙特（Saud）等。如果到街上大叫"嘿，阿卜杜拉！"肯定会有十几个人回头。因此，记住阿拉伯人的这种命名方式，将会非常方便。举例而言，假设去拜访的某企业家的名字是"阿卜杜拉·本·沙特·阿勒·穆罕默德"，而同席人员的名片上写着"苏尔坦·本·阿卜杜拉"，那他就是老板的儿子。如果名

片上的名字是"阿玛德·本·沙特·阿勒·穆罕默德",
则可以知道他是老板的兄弟。如果只有祖父的名字一样,
对方就是老板的堂兄弟。总而言之,对方和老板有怎样
的血缘关系,从名字就能一目了然。

　　不管阿拉伯人的姓名问题如何,光是 HRH 的称号
就具有非常重大的意义。HRH 不仅表示是第一任国王
阿卜杜勒·阿齐兹一脉相传的王子,同时也代表拥有王
位继承权。

　　换句话说,瓦利德王子是第一任国王的嫡系亲孙,而且也
具有继承王位的权利。沙特家族中,从始祖穆罕默德·本·沙
特分枝散叶传下来的旁系王族也相当多,这些旁系王族虽然也
有着 HH(His Highness)的王室尊称,但是与阿卜杜勒·阿齐
兹嫡系子孙的 HRH 尊称,有着严格
的区分。他们虽然也可以使用"王子"
的头衔,不过和冠上 HRH 称号的王
子之间,就有着天差地别。

　　在沙特阿拉伯经商,常常会有
莫名其妙的人跑来谈生意:"这笔
生意其实是王子的一个朋友特地委
托……"遇到这种情形,只要询问
该王子的名号是 HRH,还是 HH,

瓦利德王子

　就能够判断这笔生意的可信度。有时会是自称王子的人亲自前来洽商，但是这些王子的称号通常都是 HH。类似这样的情形，最好是郑重拒绝比较保险。

　基本上，如果是有着 HRH 名号的王子，完全没有必要涉足商场。他们一生下来，每月都能支领津贴；而且毕业后就直接步入政坛，成为政府的高级官员或大臣。如果不想工作，光是在企业里当个挂名董事，也能够确保丰厚收入。类似瓦利德王子这样开创自己事业的例子极为罕见。

　由此可知，在沙特阿拉伯，瓦利德王子属于特权阶级，而且特权的前面还得加上"超级"二字；而他母亲的家族也是超级的特权阶级。瓦利德王子的母亲孟娜王妃出身于黎巴嫩名门，她的父亲是黎巴嫩第一任总理。换句话说，瓦利德的祖父是沙特阿拉伯开国国王，外祖父是黎巴嫩首任总理，因此他是"家世华丽显赫"的王子。由于血缘的关系，瓦利德王子拥有沙特阿拉伯与黎巴嫩两国的国籍；这也成为人们捕风捉影的证据，谣传他可能会进军黎巴嫩政坛。

　瓦利德王子虽然有一流的家世，但他在沙特王室里称不上是核心的一分子。理由是他的父亲塔拉勒亲王的母亲，也就是瓦利德王子的祖母，是出生于亚美尼亚的黎巴嫩女性。

　第一任国王阿卜杜勒·阿齐兹一生娶了 26 名女性为妻，多数都是贝都因大部落的族长之女。沙特阿拉伯的现任国王阿卜杜拉以及苏尔坦王储，都是由族长之女生下的纯正贝都因血统王族；而同父异母的塔拉勒亲王则是承继亚美尼亚人的血脉，地位因此有所差异。瓦利德王子自己也因为母亲是黎巴嫩女性的关系，面对有着纯正贝都因血统的堂兄弟时，会感到相当自卑。

　　贝都因人有一项良好的风俗习惯，只要是同一族的孩子，不论生母的血统如何，都会获得平等的对待。因此，少年时期的瓦利德王子与其他堂兄弟之间，没有任何的差别待遇，反而因为瓦利德王子从小聪明伶俐，伯父法赫德前国王以及阿卜杜拉国王（当时为王储身份）都非常疼爱他。但是当他开始踏上为

> 贝都因人有一项良好的风俗习惯，只要是同一族的孩子，不论生母的血统如何，都会获得平等的对待。

官从政的道路后，因为不是纯正的贝都因血统的王子，在起跑时就有了差距，而且差距还会年年扩大。沙特家族的王子虽然都被称为精英，过着无忧无虑的生活，但是彼此之间仍有着看不见的差距，区分得相当严格。这种差距是与生俱来的宿命。瓦利德王子大学毕业后，或许是冷静判断过自身所处的立场，所以才弃政从商的吧。

　　此外，他想要投身商界的另一个理由，也是因为父亲塔拉勒亲王年轻时的作为。由于父亲的胡作非为，瓦利德王子即使进入政坛，也无法期待会有出人头地的一天。

离经叛道的塔拉勒亲王

瓦利德王子的父亲，也就是塔拉勒亲王，是开国国王阿卜杜勒·阿齐兹的第18个儿子。因此，他有着HRH的称号，并且是王位继承人选之一。但是先前已经提过，塔拉勒亲王的母亲及妻子都是黎巴嫩人。一般认为，不管这件事是福是祸，自由的思想都已深植于他的脑中，让他的想法有别于纯正贝都因血统的同父异母兄弟。20世纪40年代后期，他与黎巴嫩首任总理雷雅德·索尔的千金孟娜结婚。

第二次世界大战结束后，进入了所谓的"冷战"时期。以美国为首的资本主义阵营以及前苏联带领的社会主义阵营，展开了激烈对抗。此外，世界各地兴起了民族独立运动。战后的世界就因为这两大变动，掀起了一波波错综复杂的暗流。在中东地区，以色列于1948年宣布独立，招致阿拉伯各国的强烈反对，结果双方爆发了第一次中东战争，这也就是以色列与巴勒斯坦至今冲突不断的起因。

战败后的埃及，纳塞尔推翻君主制，掌握了埃及的实权，并于 1952 年依据阿拉伯民族主义，建立了社会主义政权。纳塞尔总统的背后有前苏联撑腰，于是他趁着这波趋势，宣布将当时英法掌控的苏伊士运河收归国有，因此导致了第二次中东战争。这场战争由于美国从中斡旋，所以双方罢手停战，但结果是纳塞尔总统获胜。因此，纳塞尔总统提倡的民族自主、阿拉伯社会主义，立刻犹如狂潮一般，席卷了中东全境。

沙特阿拉伯也受到这股潮流波及，沙特家族出现支持纳塞尔主张的王室成员，也就是塔拉勒亲王。他主张沙特阿拉伯的政体应当改为君王立宪制，因此与当时的国王及王储产生严重对立。由于他的自由思想，塔拉勒又被称做"自由王子"。然而，在弥漫着浓重保守主义风气的沙特阿拉伯，塔拉勒的主张自然不会获得采纳，结果他被剥夺王籍，于 1962 年流亡埃及。

但是由于塔拉勒在备受呵护的环境下长大，而纳塞尔经历过重重磨炼，两人当然不可能合得来，因此塔拉勒在流亡埃及时，陷入了进退两难的窘境，开始后悔自己当初的想法太过天真。

仅仅过了两年的流亡生活后，他就向费萨尔王储（日后的第三任国王）低头认错，获准恢复王族身份，于是塔拉勒返回了沙特阿拉伯。但是由于塔拉勒辱没了沙特家族的颜面，从此被禁止从事任何政治活动，并且要放弃继承王位的权利。因此，他的长子瓦利德王子也丧失了在官场上飞黄腾达的机会。不仅如此，当时还不满十岁的瓦利德王子，因为父亲塔拉勒亲王与母亲孟娜王妃离婚后，母亲回到黎巴嫩的贝鲁特，在往返于父母各自居住的利雅得及贝鲁特之间，度过了多愁善感的少年时期。

瓦利德王子在贝鲁特完成中学教育后，遵照父亲的指示，进入利雅得的士官学校就读，之后前往美国的大学留学。无论当时或现在，在国内军官学校就读，再进入美国大学留学，都是沙特家族的王子必经的标准教育路线。虽然是到美国的大学留学，但是怕生的瓦利德王子并没有结交到知心好友，而是将时间都花在读书上。往返于离婚父母之间的少年时期、士官学校一板一眼的生活、在美国埋头苦读的日子——这些要素造就出今日的王子，不仅习于孤独、律己甚严，还拥有强烈的求知欲望以及令人惊讶的广博知识。

瓦利德王子的父亲塔拉勒亲王被禁止政治活动之后，全心投入经济事业，趁着 20 世纪 80 年代的石油热潮，累积了相当的财富。他现在担任联合国儿童基金会沙特分会会长，从事社会公益活动，过着悠闲自得的生活。此外，针对沙特家族内部问题和外交问题，塔拉勒亲王有时也会给阿卜杜拉国王意见。

> 无论当时或现在，在国内军官学校就读，再进入美国大学留学，都是沙特家族的王子必经的标准教育路线。

由于他被禁止参与政治活动，这样的行为乍见之下似乎与禁令相互抵触，但是塔拉勒亲王放弃了王位继承权，反而能在王室内部的派系斗争中保持中立，而且他与黎巴嫩政治核心又有着通畅的交流管道。塔拉勒亲王之所以能针对政治提出谏言，与他的中立立场应该不无关系。

白手起家的王子富豪

瓦利德王子年仅 19 岁就结婚了。妻子是伯父法赫德的女儿达拉。当时在沙特家族的王子之间，20 岁以前结婚的例子并不罕见，而且迎娶同属沙特家族的女性为妻，更是符合了贝都因人重视血统纯正的传统。达拉公主是沙特阿拉伯第二任国王之女，对于承继生母的黎巴嫩人血脉的瓦利德王子而言，这门亲事应该不算差。

沙特阿拉伯第二任国王娶的妻子人数毫不逊于他的父亲，生下 53 个儿子和 57 个女儿。因此，**就算是与达拉公主结婚，也不代表瓦利德王子的前途就此一片光明，他的未来似乎还是得靠自己开创**。当时，沙特家族由于石油热潮而获得巨大财富，因此达拉公主带着宝石等丰厚的嫁妆嫁给了瓦利德王子。二人在美国开始了幸福的新婚生活，1978 年生下长子哈利德王子。

1979 年，瓦利德王子大学毕业，举家返回沙特阿拉伯，其父塔拉勒亲王在利雅得市内买下一栋豪宅，供瓦利德王子一家三口居住。年轻的瓦利德王子积极想要创立自己的事业，于是向父亲借款 1 万美元，在回国的同一年开始创业。但是第一次创业很快就失败了。好胜的瓦利德王子将自家房子作为抵押，向花旗银行（现为花旗集团）的利雅得分行借贷了 30 万美元，再度创业。沙特家族的王子居然为了做生意，而用房子向银行抵押借钱，这种事情真是史无前例。这一次，达拉变卖了陪嫁的宝石，用来资助丈夫。整个故事宛如沙特阿拉伯版的"山内一丰之妻"，而此时也是王子夫妻最为亲密幸福的婚姻时期。10 年后，瓦利德王子与银行的立场有了 180 度的大转变。他完全不曾料想到，自己 10 年后竟然能提供 6 亿美元的融资来拯救花旗银行免于破产危机。命运的女神真是喜爱捉弄人。

　　瓦利德王子第二次的创业获得成功。他的成功传奇始于承包利雅得士官学校个人宿舍的新建工程。石油热潮涌现时的沙特阿拉伯，相继将各种公共工程对外发包，例如建设道路、机场、政府相关设施等。但是要承包到这些公共工程，必须是沙特阿拉伯人经营的公司。这种做法除了能鼓励沙特阿拉伯人经商，同时也有将油元还之于民的意义。因此，政府会开出较高的发包价，只要承包到这些工程，无论是谁都能够从中获利，这的确是相当好赚钱的生意。承包者要展

　　山内一丰是日本战国时期土佐高知藩的首任藩主。据说在未当上藩主之前，山内仅是潦倒落魄的浪人，幸得妻子千代牺牲嫁妆资助，山内才有机会出人头地。

现的本事，就是如何降低成本。沙特阿拉伯的建筑业者承包到工程后，就低价委托欧美二流设计公司绘制蓝图，再用便宜到令人难以置信的工钱，从印度或巴基斯坦招募工人，然后同样

用低薪雇请埃及人负责现场监工。

总而言之，当时承包公共工程就是好赚钱。由于承包公共工程，眼光独到的人能够从小康变大富，然后一举成为富豪。沙特阿拉伯国内少数富豪之一的本·拉登财阀正是典型的例子，瓦利德王子也是因此致富的其中一人。然而，**他是由建筑业转型从事担保业务，进而成为投资家，最后才登上国际级富豪的位置。**

石油热潮兴起之际，沙特阿拉伯成为一个追求石油梦的国家，连贩卖外国产品的代理事业也急速成长，无论是谁都可以大捞一笔。但是只要是攸关公共工程的承包事宜，如果想要成功，就必须遵守另一条有别于经营代理事业的硬规则，也就是要有深厚的背景，熟识拥有发包权限的有权人士。沙特阿拉伯政府中，具有发包权限的有权人士就是王室。

王室的人脉正是最有力的致富利器。从这一点而言，瓦利德王子具备很大的优势。不管怎么说，他终究是王室沙特家族的一员。负责掌管公共工程的大臣，几乎都是沙特家族的人；即使大臣不是王室成员，瓦利德王子只要向王储、身为国王的伯父或是其他亲王叔伯打声招呼，就能轻松地承包到工程。

用30万美元借款创立的公司第二年就成长为数一数二的大公司，年营业额达到15亿美元，成功的背后隐藏着人脉的有利因素。如果是在日本，靠关系、走门路取得公共工程的承包权，应该会被举报为不正当的手段，视为商业犯罪。但是沙特阿拉伯是绝对君主制的国家，瓦利德王子虽然是靠众叔伯父帮忙，走后门顺利地承包到工程，却也不会被人指责这种做法有失公允或犯罪。

借由承包公共工程大赚一笔后，瓦利德王子接着开始从事为外国企业提供担保的业务。外国企业如果要在沙特阿拉伯进行商业活动，必须要由沙特人提供担保，政府的许可证明全都要用担保人的名义申请。因此，外国企业一定得支付高额的担保费用，委请有权人士担任企业伙伴。在实际的情况中，大多数提供担保的人其实没有负责任何工作，只是坐收担保费用而已，然而外国企业却不得不编列这笔必要经费。

但是就算这个行业的风气如此，瓦利德王子仍是付出全力，为委托他担保的外国企业工作。他投注于工作的热情，比他人要多得多。瓦利德王子带着顾客的申请文件，频繁走访各个政府机构；也幸好他是王室成员，得以比竞争对手快上数倍取得许可认证。在担保业务的圈子里，对于他的好评迅速在外国企业之间传开，委托担保的案子相继涌来。于是，瓦利德王子的财产也以可见的速度增加，到 1983 年，他的资产总额已达到 4.5 亿美元。

如果用田径三级跳远形容瓦利德王子成为富豪的道路，公共工程的承包业务就是单腿跳，担保业务是跨跳，而投资事业是最后的跃进。也就是说，他从承包事业与担保业务赚得 4.5 亿资金，累积了起跳的动力，最后奋力往前一跳，朝向投资事业的新领域去了。

他先取得了规模较小的沙特商业银行 30% 的股份，计划重整该银行的经营。银行当时由于吸收了国内泛滥的油元，存款金额远远超过银行可以负担的能力。而且沙特阿拉伯是信仰伊斯兰教的国家，禁止用存款赚取利息，因此银行不需支付储户利息。伊斯兰教徒也视这种情形为理所当然，认为银行只不过是用来汇款和提供安全保管现金服务的机构。如此一来，银行本身的经营自然会变得松散，每家银行的成本支出都过度浮夸。

瓦利德王子入主沙特商业银行后，断然实行合理化改革，大幅删减成本，戏剧性地让这家银行扭亏为盈。一般人认为，**他凭着自己在美国学到的合理化精神推动改革，因此要将银行重整到这种程度，对他根本就是易如反掌**。成功重整沙特商业银行后，对于瓦利德王子而言，其他银行看起来应该也都相当

如果用田径三级跳远形容瓦利德王子成为富豪的道路，公共工程的承包业务就是单腿跳，担保业务是跨跳，而投资事业是最后的跃进。

诱人。针对较大规模的沙特开罗银行，瓦利德王子实行了恶意收购的方式。事实上，他的恶意收购行为只有这次而已，无论过去还是日后，都没有出现类似的情形。他随时都勤快地研究和调查应该投资哪个领域，而且真正出手并购时，对象也只限于陷入经营困境而向他求助的企业。然而，只有这一次，他通过恶意收购入主了沙特开罗银行，彻底地实行合理化改革，让银

行能够获利。这两家银行在瓦利德王子手上起死回生，日后由于瓦利德王子成为花旗集团的最大个人股东，就由花旗银行的沙特阿拉伯分行，也就是沙特美国银行，吸收合并了这两家银行。

如此一来，瓦利德王子就在沙特阿拉伯的金融界里奠定了巨大的影响力。针对经营散漫的银行出资，然后进行重整改革，瓦利德王子的这种投资方式收获丰硕，他的资产此时已经超过40亿美元。瓦利德王子成为了沙特阿拉伯的首富，他的名声也响彻海外。但是他是不断追求卓越的男人，光是成为国内首富，并不足以令他感到满足。他正伺机进军美国，全心投入分析美国主要企业的业绩。

同时，瓦利德王子也改变了投资战术。恶意收购沙特开罗银行时，他吃了一番苦头，因此瓦利德王子吸取了教训，日后从事投资时，都会慎重地避免破坏与被收购企业的友好关系，同时将战术转为逐步并购。如果要从沙特阿拉伯进军全球，尤其是要打入美国市场，这种投资战术的改变绝对有必要。即使当时美国还没有和现在一样处处防备，但美国对于阿拉伯人，一直都抱着强烈的戒心。瓦利德王子一旦大张旗鼓进军美国，恶意收购一流企业，除了被收购企业的经营者及员工外，美国政府、国会，甚至一般的美国人民都将与之为敌。对于有着不同肤色或宗教信仰的人，美国人均抱持宽容的态度，但毕竟还是基于对方是美国人的前提条件；若是对于来自国外的人，他们往往会用狭隘、歧视的眼光看待。

　　之前提到，瓦利德王子过去留学美国时，没有友人陪伴，独自过着埋首书堆的生活。一般认为，这段留学日子就是他被当成异邦人对待的最初体验。但是，瓦利德王子从来不说美国的坏话，反而是一有机会，就会表达自己对美国的感谢，认为美国是让他决定人生方向的国度。**美国激起了瓦利德王子的企图心，又给他提供了实践的舞台**，因此对于瓦利德王子而言，对于美国的好感，应该仅次于祖国沙特阿拉伯吧。

拯救花旗银行的白马骑士

　　1991 年，由于花旗银行陷入经营危机，瓦利德王子进军美国投资的机会意外地提早来临。20 世纪 70 年代，花旗银行大额放款给当时经济发展耀眼的中南美洲各国。然而，中南美洲各国的经济成长，只是由海外借入大笔资金而营造出的假象，到了 80 年代，这些国家纷纷遭遇金融危机，也就是所谓中南美洲"消失的十年"的时代。可能是听信中南美洲各国的一面之词，或者主动找对象放款，花旗银行完全没有考虑对方的偿还能力，就直接放款，结果账款无法回收，自尝苦果。日本泡沫经济时代的情况就和 80 年代的中南美洲如出一辙，各家银行争相放款，结果融资的金额成为呆账，导致金融混乱，于是 20 世纪 90 年代又被称为"日本消失的十年"。俗话说，"人会从错误中学习"，不过正确的说法应该是，一旦时间流逝、人事更迭或者在不同国家，人又会犯下同样的错误。

　　总而言之，世界一流的花旗银行正处于生死存亡的危急关头。此时，宛如"白马骑士"一般出场的，正是瓦利德王子。他为花旗银行提供了 6 亿美元的巨额资金，交换条件则是取得花旗银行 5% 的股份。他之所以下定决心投资花旗银行，原因也是因为符合了自己的投资哲学。针对自己的投资，瓦利德王子的哲学是：

> 第一，自己的投资能让该公司恢复本身的真正价值；第二，现在是品牌创造附加价值的时代；第三，找出具备这种附加价值的企业。以上三点就是瓦利德王子的投资哲学。这三个条件可以连起来理解，也就是投资的企业过去曾是业界第一品牌，因为某些经营错误而陷入困境，股价跌到最低水平。如果配合该企业的需求出资，就能让该企业重返业界第一品牌，恢复企业昔日的价值。为了发掘这种企业，平日得下工夫进行缜密的调查。瓦利德王子几乎每天都在固执地实行着他的投资哲学。

花旗银行正是完全符合他的投资哲学的企业。因此，花旗银行前来求助时，针对这家银行以及美国的金融形势，他早已作出了相当正确的分析。于是，瓦利德王子当下毫不犹豫地决定投资将近 6 亿美元的金额。

他的投资手法称为"底部钓鱼"（bottom-fishing），如果用股票术语来说，就是所谓彻底执行"谷底投资"。只要是估计已到达最低价位的绩优股，就一次全部买进。他配合企业的请求提供资金，然后买下股票，并且一直留在手上，也就是基金用语中的"买进持有"。如果是"秃鹰基金"的话，就会直接入主业绩不振的企业，将公司分割解体，挖出账面以外的隐藏资产；
而"再生基金"则是直接插手收购企业的经营，运用裁员等强
势手段改善企业的经营，然后抛售持股。瓦利德王子的做法并
非上面两种。

**他完全信任新经营者，任其发挥，自己则有耐心地等待业
绩恢复**。为何他能够办到这一点？原因无他，因为瓦利德王子
的基金全都由他出资，没有急着求取报酬的外部投资人。他是
一位"出钱不开口"的投资家。这并不意味他完全不会对企业
的经营有意见，不过他提出的意见，自始至终也只是以企业外
部董事的立场给予建议。瓦利德王子绝对不直接干涉并购企业
的经营，因为他了解自己不
是经营的专家，而且他也知
道自己身为一名阿拉伯人，
如果在明面上介入欧美一流
企业的经营，将会带来十分
负面的影响。

> 第一，自己的投资能让该公司恢复本身的真正价值；第二，现在是品牌创造附加价值的时代；第三，找出具备这种附加价值的企业。

对于被并购企业的经营者而言，瓦利德王子这类"出钱不
开口"的投资家，是最受欢迎的。瓦利德王子在董事会上，偶
尔会与经营团队激烈争论。但是他的发言往往都是根据自己的
投资哲学，提出富有建设性的意见，而且背后隐含着学自美国
的经营学理论——如何才能恢复已经毁损的品牌价值。双方冷
静地讨论，不流于感情用事；而瓦利德王子一旦将想法传达给

对方，就退居幕后，剩下的工作全权交由经营团队处理。与他在生意场上打过交道的欧美经营者，莫不异口同声地称赞他，而且最后还会留下这样一句话："结果和王子说的一模一样，他真是太了不起了。"

雄霸一方的王国控股

　　沙特阿拉伯与欧洲有两个小时的时差，两地相隔数小时的飞行路程。上午从巴黎搭机出发，晚上即可抵达沙特首都利雅得。降落哈利德国王国际机场之前，飞机会绕一大圈，经过利雅得市中心的上空。林立的大楼衬着璀璨的灯光，犹如棋盘般整齐划一的街道上，汽车的车灯交织成高速流动的光带。在炎热的国度沙特阿拉伯，夜晚正是休闲的时间，全家开着汽车出门用餐、购物，车灯将道路照得犹如火燃烧着一般。但是光带延伸至远方后逐渐变细，最终消失在漆黑的沙漠里。由此可知，利雅得整个城市犹如镶嵌在沙漠上的宝石。

　　在这座犹如沙漠孤岛的城市利雅得，最能说明当地繁荣景象的就是欧拉雅大道。欧拉雅大道中间林立着现代化大厦，将这条大道分隔成两条单向四车道。将这条大道想象成扩大数倍后的札幌大通公园，而中央的高楼大厦就相当于大通公园的绿化地带，这样的说明也许比较易于理解。在这条高楼大厦林立街上，两栋超高摩天大厦隔着数百米相望。一栋是费萨尔国王塔，另一栋是王国塔。两栋超高建筑的名字前面都有 King 一词，由此可知都是属于王室沙特家族的产业。费萨尔国王塔是费萨尔集团的大本营所在地，这家集团由第三任国王费萨尔的长子掌管；而王国塔则是瓦利德王子旗下的王国控股总部。

王国塔的顶楼设有王国控股董事长瓦利德王子的办公室，瓦利德王子就在这里发号施令，并购全球各地的企业。然而，

利雅得

瓦利德王子鲜少待在办公室，他通常是搭乘私人专机，来往于世界各地，住宿在他于各大城市的名下产业——四季饭店，在个人专用的房间里批阅文件；或者周末在郊外沙漠野营，享受着野外生活。

但是住在饭店也好，在沙漠露营也罢，只要是王子在的地方，必定有卫星电视播放新闻，也配备能够直拨世界各地的电话。

他的脑袋随时保持全速运作，一听到自己感兴趣的新闻，就立刻通过国际电话,向欧美一流企业的 CEO 友人查证消息的真伪，一有需要就立刻下达指令，吩咐利雅得王国控股总部待命的人士行动。工作告一段落，他就在饭店周边或者沙漠的灌木林中行走，

两栋超高摩天大厦隔着数百米相望。一栋是费萨尔国王塔，另一栋是王国塔。

不过他的脚步仍是快速而急促，保镖要紧随在瓦利德王子身后，也不是什么轻松的事吧。

由此可知，无论是旅行还是周末，瓦利德王子的身心一刻都没有休息，确实是个不折不扣的工作狂。而且，据说他每天的睡眠时间只有四五个小时，没有人不对他超人般的体力感到惊讶。**从 20 岁出头开始，直到今日年过五旬，瓦利德王子都是如此毫不间断地工作，完全不休息，因此成为一代巨富。**

他所创立的王国控股是规模庞大的投资基金公司，投资标的相当多元化。王国控股的投资领域大致可分为银行业、酒店业、不动产业、传播娱乐业、IT 业以及零售业六大领域。银行业是瓦利德王子成为国际投资者的关键所在，如同本章开头所述，投资在银行业的资金占瓦利德王子所有资产的一半。通过投资的银行获取最新的企业信息，也成为他考虑新企业并购案的珍贵信息来源。

投资酒店之类的服务业，回报率不见得高，但是在欧美大

城市或者高级度假景点拥有一流的酒店，打响了他的名声，而且这些超高级的酒店也成为瓦利德王子的社交舞台，能够在此与全球名人和地方名流增进交情。对于瓦利德王子而言，这些都是无法用金钱换算的巨大利益。

瓦利德王子在不动产的投资上，相当著名的就是伦敦金丝雀码头重建计划的投资案。坎纳瑞码头重建计划是欧洲最大的城市开发案，原本由来自维也纳的保罗·莱希曼承揽，但是在建设过程中，由于经济不景气，保罗·莱希曼的公司宣告破产，此时伸出援手的正是瓦利德王子。不久之后，经济开始回温，这项计划起死回生，瓦利德王子卖掉手上的部分持股，赚进了2亿美元的巨额利益。逢低买进优秀企业的股票，耐心等待股价回涨，借此获取巨额利益，正是瓦利德王子最擅长的投资手段。

> 王国控股的投资领域大致上可分为银行业、酒店业、不动产业、传播娱乐业、IT业以及零售业六大领域。

在投资传播娱乐事业的部分，瓦利德王子除了持有新闻集团 🌑 的股份，阿拉伯世界深具影响力的罗塔那电视台也是他旗下的产业。瓦利德王子不管是在办公室、旅行途中还是在沙漠野营，总是不忘收看CNN与罗塔那的节目。广受年轻人喜爱的罗塔那电视台持续播放时代潮流的最新信息，例如时尚、音乐等。瓦利德王子将这些信息当成投资新领域时的参考数据。

除了上述投资外，在零售业方面，瓦利德王子也持有美国知名百货萨克斯第五大道的股份。萨克斯第五大道百货因此进驻沙特阿拉伯，成为王国中心的主力驻点厂商，提升了王国中心的附加价值。

从上述内容可知，瓦利德王子的投资对象都是世界一流品牌。正如先前所述，他的投资哲学之一是"现在是品牌创造附加价值的时代"，而上述的企业投资案例正是他的自我投资哲学的体现。

如果说王国控股的金融资产是公开的财富，位于利雅得的豪宅与停泊在地中海的游艇就是瓦利德王子隐藏在台面下的财产，而这些台面下的财产总额估计有 21 亿美元。夏季来临时，瓦利德王子就带着家人，一同在泊于地中海的私人游艇上度过悠闲时光。虽然说是游艇，不过这艘游艇全长 83 米，带有直升机停机坪，已经是大型船舶的规模。游艇的名字是 5-K-R。K 与 R 分别取自于儿子及女儿名字的第一个字母，也就是哈利德王子和璃姆公主名字的 K 与 R。这艘游艇历经多位世界大富豪之手，是一艘极富传奇色彩的船：

> 第一任拥有者是文莱苏丹王国的哈山·纳波嘉苏丹。第二任拥有者则是名震全球的军火贩子、绝代政治商人阿德南·哈肖吉。之后，这艘游艇被美国不动产大亨唐纳德·川普买下；而现在的拥有者就是瓦利德王子。

　　四位拥有者都是个时代具代表性的大富豪，致富之路却截然不同：

　　　　文莱苏丹是靠着该国地底蕴藏的天然气，毫不费力地就成为了大富豪。阿德南·哈肖吉则是在二次世界大战结束后，趁着美苏冷战以及 20 世纪 70 年代的第一次石油热潮，成为军火交易的幕后黑手，因而累积了庞大的财富。第三任拥有者唐纳德·川普是 20 世纪 80 年代美国建设开发热潮的宠儿。而瓦利德王子是现代炼金术师，借由经营投资基金，成为了全球名列前茅的富豪。这艘游艇一直被视为大富豪的财富象征，遨游于世界七大洋之中。

　　现任拥有者瓦利德王子用两个孩子的名字来命名这艘游艇，由此可知他是一位非常疼爱儿女的父亲。1974 年，他与达拉公主结婚，之后生下了一双儿女。长子哈利德王子生于 1978 年，璃姆公主则生于 1982 年。哈利德王子与璃姆公主在美国完成大学学业后，纷纷进入父亲的公司王国控股上班。哈利德王子身为继承人，正在学习驾驭管控的帝王之术。哈利德王子现在跟随着父亲学习，毫无疑问总有一天会接掌整个集团。但是听说哈利德王子以前经手业务时，曾经被合作伙伴卷款潜逃，因此现在似乎还没获得父亲的全面信赖。瓦利德王子自己首度创业时，也曾经历过失败，所以哈利德王子的失败体验，说不定反而会成为他往下个阶段跃升的跳板。

对于投资事业，璃姆公主也展现出非比寻常的兴趣，但是在沙特阿拉伯社会，女性如果公开从事商业活动，仍是会招致强烈的反感。因此，璃姆公主就进入慈善活动部门工作。伊斯兰教的五大教义中，其中一项称为"课功"（Sakat），规定富人有义务接济穷人。身为世界富豪的瓦利德王子自然是严守这项教义，而王国控股公司也将慈善事业定位为公司的重要业务之一。瓦利德王子在第二个故乡黎巴嫩也设立了"瓦利德王子慈善基金会"，由他的姨妈担任理事长，负责基金会的管理营运。这些慈善活动据称每年要花费1亿美元以上的金额，由此可知璃姆公主的工作也颇具规模。然而，由于璃姆公主在美国接触到自由的氛围，因此相较于单纯捐赠财富的工作，她还是对创造财富的投资事业比较感兴趣。

在晋身富豪的过程中，瓦利德王子与达拉公主的婚姻告终。之后，他又经历了两段失败的婚姻，目前过着单身生活。离婚的原因都是因为工作过于忙碌，经常飞往世界各地，无暇照顾妻子。瓦利德王子是全心投注于工作的工作狂人，或许**工作才是他真正的伴侣**。然而，他的一对儿女与母亲仍保持着密切来往，而且瓦利德王子与达拉公主离婚后，仍联袂出席璃姆公主的大学毕业典礼，估计四人的关系绝对不差。

由于目前单身的关系，在利雅得的豪宅中，只有瓦利德王子与一双儿女三人住在这里。这栋足以称为宫殿的宏伟宅邸，占地面积达 4.3 万平方米，屋内外都设有游泳池，而且还有可容纳 45 名观众的迷你剧院、网球场、保龄球场等设施。宅邸内部共有 300 个房间、12 部电梯、500 部电视和 400 部电话，厨房可供制作 1 000 人份的餐点。这样的规模自然无法与亲伯父的王宫或者王储的宫殿相提并论，但是至少可以由此了解瓦利德王子多么富有。

为国家利益奔走的瓦利德王子

瓦利德王子是虔诚的伊斯兰教徒（穆斯林），他相当热心地实践穆斯林的义务，也就是慈善活动。"9·11"事件发生时，瓦利德王子通过 CNN 的报道看到了世贸中心倒塌的画面。他在这起事件后，立即赶往事发现场追悼罹难者。为了帮助罹难者的家属，他交给当时的纽约市长朱利安尼一张 1 000 万美元的支票。对于瓦利德王子而言，希望能借这样的行动，回报美国对他的恩情。

然而，瓦利德王子当时发布的新闻却惹来非议。他在新闻中指出："引发这类犯罪事件的背后原因是巴勒斯坦问题，因此希望美国政府能够重新检视中东政策，实行不偏不倚的应对方案。"这份新闻稿是他个人对于美国的小小期待，同时也是他代表阿拉伯世界舆论的发声。

但是朱利安尼靠着犹太裔选民的支持而成为市长，因此对这份新闻稿表达了强烈抗议，并将支票退还给瓦利德王子。除此之外，奥萨玛·本·拉登带头的国际恐怖主义基地组织也发表声明，声称对这起恐怖袭击事件负责，外界同时得知在 19 名嫌犯中，有 15 名是沙特阿拉伯人，因此美国舆论清一色都是反阿拉伯、反沙特阿拉伯的声浪。**瓦利德王子的这篇新闻稿选了一个最坏的时机发布**。即使是对他的善意表示理解的美国友人，面对犹如燎原野火般持续扩散的美国舆论，应该也不敢公开维护瓦利德王子。于是，瓦利德王子的发言遭到封杀，他本人只能保持沉默。

就在此时，由于第二次石油热潮，沙特阿拉伯国内开始出现泡沫经济的征兆。2000 年初，石油价格低迷，每桶为 20 美元左右，而后却是一路飙升。2004 年，石油每桶上涨到 40 美元，价格翻了一番，2006 年已突破 60 美元大关。到了 2008 年，纽约商品交易所的西得州轻质原油（WTI）期货价格已经超过 100 美元，创下有史以来的最高价格。由于美国和印度等地对于石油的需求强烈，而产油国却无法满足如此庞大的需求，又加上投机热钱趁机进场炒作，因此石油价格才会一路飙涨。

石油价格飙涨的结果就是大量美元流入海湾产油国，油元泛滥。这个地区除了石油以外，其他产业原本就不发达，因此无力吸收多余的油元。这些闲置的资金如同洪水般涌入不动产市场及股票市场。海湾各国政府纷纷将国营企业股份公开上市，努力地想要借此吸收游资。另一方面，民间的创业家中，有人企图利用这次机会大捞一笔，将毫无未来愿景的企业股票公开上市，鼓动大众购买。于是，沙特阿拉伯在 2005 年时，出现了一波股票公开上市的热潮。股票上市后，懂得精打细算的投资家迅速地在高价位时抛售，于是这股热潮急速衰退，2006 年初

的股价暴跌至全盛期的一半以下。向银行借钱购买股票的一般
投资人相继出现破产的情况。

就在这个时间点上，瓦利德王子出手买进沙特阿拉伯的股
票。乍看之下，这似乎像是他擅长的投资手法"谷底投资"，其
实并非如此。他在欧美逢低买进的对象，都是被称为蓝筹股的
一流企业股，例如花旗集团、苹果计算机等。至于沙特阿拉伯
的上市企业，几乎都不符合瓦利德王子的投资标准。然而，他
之所以会出手买进，是想力挽狂澜，让刚刚起步的国内股票市
场不至于崩盘。至于私底下的原因，瓦利德王子的伯父，也就
是阿卜杜拉国王，对他强力说服的因素必定也掺杂其中吧。除
了收购股票外，瓦利德王子也决定让王国控股公开上市，拿出
15%的股份在市场上流通。

近来，阿卜杜拉国王与瓦利德王子携手合作的情形相当引
人注目。

2006 年 1 月，阿卜杜拉国王登基后，首次出访的
友邦就选定了中国，这样的动作可以解释为，阿卜杜拉
国王亲身实践自己屡次主张的东望政策，即重视亚洲政
策。而在阿卜杜拉国王出访后，仅过了 3 个月的时间，
中国最高领导人就前往访问沙特阿拉伯。经济增长快速
的中国不能缺少石油，需要一个可以大量供应的安定来
源，因此对于沙特阿拉伯抱持着强烈的期待。就沙特

阿拉伯的立场而言，中国 13 亿人口的市场充满吸引力，加强两国的关系有助于国家发展。在经济层面上，两国的考虑趋于一致。此外，一般认为沙特阿拉伯企图成为阿拉伯世界的盟主，因此能在过去向美国一边倒的外交政策上，加上一张中国牌，更是具有重大的意义。

无论是在北京还是在利雅得，阿卜杜拉国王与胡锦涛主席召开首脑会谈时，都要瓦利德王子一同出席，目的是想借他的资金及专业投资知识，强化与中国的经贸联系。瓦利德王子派遣王国控股的员工长驻北京，并且试着拟订具体的投资计划，例如在中国主要都市分别设立四季饭店的网络据点等。

除了中国以外，瓦利德王子也频繁造访非洲各国及东南亚诸国等发展中国家，而且造访的时间，几乎都是这些国家元首前往利雅得与阿卜杜拉国王会谈后不久。现今甚至出现了这样的说法："瓦利德王子就是阿卜杜拉国王的分身。"访问发展中国家时，瓦利德王子去到每一个国家，必定会与该国最高领导人会谈。会谈的内容并未公开，不过也可想而知吧。最近，瓦利德王子也遍访了中南美洲各国，他在这些国家布下了什么样的投资计划，等到时机来临，应该就会呈现在世人面前。

但是回过头来思考一下，瓦利德王子对于沙特阿拉伯、中

国、非洲、东南亚或中南美洲各国所做的投资，是否合乎过去
只锁定欧美蓝筹股的投资哲学，似乎会让人产生些许疑问。参
与这场对于发展中国家的投资，而且是掺杂政治色彩在内的投
资，王国控股还是如同过去那样持续成长的基金吗？

　　面对这样的疑问，瓦利德王子表示："投资家和王室成员，
两者并不矛盾。身为王室沙特家族的一分子，能够对沙特阿拉
伯的发展以及沙特家族的繁荣有所贡献，我为此感到自豪。"瓦
利德王子最近意识到自己的
王室血脉，开始谋求国家的
利益。对于他今后的投资活
动，这种改变会带来什么样
的影响，相当令人好奇。年
过半百后，瓦利德王子虽在
投资的领域已经功成名就，

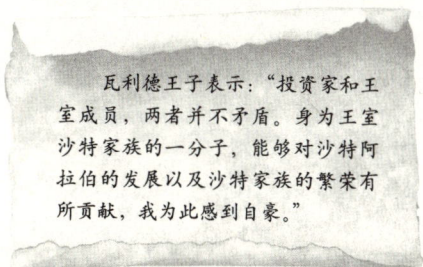

> 瓦利德王子表示："投资家和王室成员，两者并不矛盾。身为王室沙特家族的一分子，能够对沙特阿拉伯的发展以及沙特家族的繁荣有所贡献，我为此感到自豪。"

却也无法否定他可能会改换跑道，例如投身政坛。瓦利德王子
随时追求第一、永远不会满足的企图心今后将归向何处，答案
可能连他本人都不清楚，或许只有阿拉才会知道吧。

第4章

活跃的海湾经济体
阿布扎比、卡塔尔、科威特

消费完"物质",还要消费"文化"。

备受瞩目的石油盈余

所谓的石油盈余，指的是产油国石油输出金额扣除输入金额所得的收益或者指外汇收支上的经常账盈余额。石油贸易几乎都是利用美元交易，因此石油盈余又称为油元。然而，无论是石油盈余还是油元，正式的英文说法是 petrodollars。这个词汇出现在 1973 年第一次石油危机开始时，是由美国佐治亚大学教授乌韦斯提出。乌韦斯教授将英文的 petroleum（石油）和dollar（美元）结合在一起，创出了"油元"一词。此外，由他的名字易卜拉欣可知，他是阿拉伯裔的美国人。

由于 1973 年和 1979 年的两次石油危机，石油价格由先前每桶 2 美元的价格涨到了 20 美元以上，飙涨十倍之多，因此一直依赖便宜石油的全球经济遭受到巨大打击。日本等石油消费国，在第一次石油危机和第二次石油危机中，发生了严重的通货膨胀。石油消费国眼中的"石油危机"，对于产油国，却是"石油热潮"。无论是石油危机还是石油热潮，背后都藏着一个重要关键词——石油输出国组织。第二次世界大战结束后，由于世界经济复苏，石油需求急速扩大。

在这个过程中，1960 年成立的石油输出国组织地位逐渐提升，有能力与跨国石油公司抗衡。此外，由于 1971 年的《黎波里协议》与次年的《利雅得协议》，石油产业走上国有化的道路，因此产油国分得的销售金额大幅增加。换句话说，石油的价格涨了 10 倍，而产油国的收入更是在这之上。

以沙特阿拉伯为例，1970 年的原油价格约为每桶 2 美元，该国销售原油的收入只有 20 亿美元。但是到了 1975 年，该国销售原油的收入则是 280 亿美元，1980 年为 930 亿美元，仅仅 10 年的时间，销售原油的收入居然增加了近 50 倍之多。

科威特、阿布扎比等其他海湾产油国的情况也是一样。产油国将这个时代称为"第一次石油热潮"，而 2002 年持续至今的涨势则命名为"第二次石油热潮"。

如同沙特阿拉伯的石油收入所示，第一次石油热潮也带来了庞大的石油盈余。但是到了第二次石油热潮时，石油盈余才如此受到瞩目，其原因为：比较两次石油热潮，从产油国石油输出额扣除输入额所得的收益（也就是"石油盈余"）来看，第二次石油热潮产生的石油盈余金额远远超过第一次石油热潮。

在此重新检视沙特阿拉伯的例子，1980 年的输出金额为 930 亿美元，而输入金额则是 630 亿美元，所得的贸易盈余，也就是石油盈余，为 300 亿美元。而根据沙特阿拉伯货币管理局公布的数据，该国 2006 年的贸易盈余额则达到了 800 亿美元。近几年来，沙特阿拉伯每年都会获得巨额的石油盈余。在这期间，石油价格从 20 美元涨到 60 美元，随后更是飙升到 90 美元。第一次石油热潮时，石油价格是从 2 美元涨到 20 美元以上，而第二次热潮中则是由 20 美元涨到 90 美元，因而赚取的盈余金额根本无法相提并论。

产油国国内无法消化石油盈余，引发了货币流动性过剩的问题。第一次石油热潮发生时，产油国的社会基础建设尚未完善，一般国民的生活依旧穷困，因此产油国政府大事利用石油盈余，将钱用来建设所有社会设施，例如道路、港湾、机场、电力设施、水力设施、学校和医院等。同时，产油国政府也趁势提升公务人员薪资、实施免费教育、改善医疗制度等，将石油赚取的财富分给国民，于是国民竞相抢购家电产品、汽车等，追求富裕的生活。换句话说，产油国通过增加输入的形式，让石油盈余回流海外，以此保持经常账收支的平衡。

> 产油国国内无法消化石油盈余，引发了货币流动性过剩的问题。

第一次石油热潮发生时，几乎没有货币过剩的问题，但是现在社会基础建设已经完善，国民生活也处于物质过剩的状态。也就是说，现在的状况是国家与民众的资金都积存在手上，找不到地方花费。

全民皆富裕的海湾产油国

阿联酋与卡塔尔有着庞大的石油盈余，是不折不扣的富裕国家。将国家依照富裕程度排名的话，两个国家毫无疑问地都会名列大富豪的行列。如果从 GDP 来为各国的富裕程度排名，美国、日本和中国都比这两国富有。但是住在富裕国家的国民，不尽然都会是有钱人。如果以人均 GDP 来看，中国的国民仍旧贫困。

然而，在人口不多的海湾各国，人均 GDP 相对较高，即不只是国家富有而已，**每位国民也都是有钱人**。由于这些国家都实行君主制，因此王室成员当然是最为富有的阶层，其次是民间的家族财阀，普通市民与他们相比，财产持有额相差甚大。然而从全球的水平来看，这些国家的普通市民仍是非常有钱的。

以 2005 年的 GDP 为例，阿联酋是 1 322 亿美元，卡塔尔是 425 亿美元。人口的部分，阿联酋有 410 万人，而卡塔尔是 74 万人（数据来自日本贸易振兴机构《世界各国经济信息档案 2007》）。从这两个数据计算人均 GDP，阿联酋是 3.2 万美元，卡塔尔是 5.7 万美元。而同一年的日本人均 GDP 是 3.6 万美元，美国是 4.2 万美元。阿联酋的水平几乎与日本相同，而卡塔尔则超过日本及美国。至于经济蓬勃发展的中国和印度，人均 GDP 又是如何？中国是 1 500 美元，印度是 700 美元。中国的水平大概是两国的 5% 和 2.5%，而印度的水平则是阿联酋的 2%，与卡塔尔相比的话，居然只有 1.25%。

对于这样的数据，无须惊讶，事实上在两国的人均 GDP 数据中，暗藏着一道机关，那就是人口统计的戏法。海湾各国有许多来自印度、巴基斯坦、埃及、也门等地的外国劳工。这些外劳的人数不在少数。在阿联酋工作的外劳约有 330 万人，而卡塔尔则有 50 万人。因此，就具有真正国民身份的人而言，阿联酋是 80 万人，卡塔尔则是 24 万人。卡塔尔的人口中，外国人占了 70%，而在阿联酋有 80% 的人口是外国人，均占有相当高的比例。

从印度、巴基斯坦、埃及等地涌来的这些外劳，拿着到国外工作用的工作签证，每年更新工作合同，持续留在海湾各国。在此请各位读者注意，这些外劳并非移民。所谓的人口统计，原本就是以拥有该国国籍者为对象，日本的人口统计就没有包含来自东南亚等国的外劳。美国号称是移民国度，在人口统计中虽然也包含移民在内，但是这些移民都是货真价实的拥有美国国籍的国民。人均 GDP 就是以这些国民为对象计算出来的数据。

然而，在阿联酋等海湾国家的人口统计中，却连没有国籍的外劳也包含在内，因此在统计的结果中，例如印度外劳在阿联酋的人均 GDP 也是 3.2 万美元，如果是在卡塔尔，则会是 5.7 万美元。这就是我想要指出的数字意义。

因此，我作了一个统计，也就是将两国的国民与外劳分开计算,统计实际的人均 GDP。虽然也有统计方式是排除外劳人数，只以自己国家的国民人口计算人均 GDP，但是外劳几乎都是努力存下全部薪水寄回家乡，而且阿联酋与卡塔尔的 GDP 也有他们的贡献，要将这些因素考虑进去比较合乎现实。因此，我将外劳的人均 GDP 一律假设为 5 000 美元。由于印度人均 GDP 只有 700 美元，或许有人会质疑这个假设数字过大，但是外劳里面也包含了许多来自欧美的劳工，而且在印度不分年龄大小，所有人都投身于工作。印度的人均 GDP 700 美元，是将老人、小孩也包含在内求出的数值，因此情况显然不同。将所有外劳的人均 GDP 一律设为 5 000 美元，就是因为考虑到上述情况。

> 在人口不多的海湾各国，人均 GDP 相对较高，即不只是国家富有而已，每位国民也都是有钱人。

根据这个假设，我试着统计两个国家国民的人均 GDP，得到的结果是阿联酋 14 万美元，而卡塔尔是 17 万美元，居然高达日本的四五倍之多。希望读者不要将这个统计数字当成是我的纸上论证而已。2006 年，位于芬兰的联合国大学世界经济发展研究所公布了一份调查报告《全球个人财富状况》。这份调查报告指出，阿联酋与卡塔尔的国民平均所得是 13 万美元。由此可知，我的计算并不是妄加推测。

事实上，20 世纪 90 年代末，我派驻沙特阿拉伯时，曾经受邀前去当地商人家中。当时的印象是：产油国人民的生活远比日本人富裕。遗憾的是无缘一窥王室成员的住宅。不过我曾听旁人转述一位菲律宾水管工人的话，那位工人曾进到王宫修理厕所。据说王宫的厕所约有 6 张榻榻米大，而且是名副其实只用来"上厕所"的厕所，不像西方饭店的浴室会同时设有浴缸和抽水式马桶。王宫厕所的地板是打磨光滑的大理石，而门把和水龙头竟然都是使用镀金材质。

王宫厕所的地板是打磨光滑的大理石，而门把和水龙头竟然都是使用镀金材质。

有些读者应该清楚，阿拉伯厕所使用的是嵌入地板的蹲式马桶，就像日式厕所一样，但是没有蹲式马桶的前挡，而是将白色椭圆形的便斗直接嵌入大理石地板，因此地面是一片平整。住在日本犹如火柴盒般大小的公寓里，我已习惯仅能容下一个人的狭小西式厕所，因此初听到这段传闻时，我心想在阿拉伯的厕所里，应该没办法"上"得出来吧。听到这段话，或许有读者会认为太过夸张，也有读者会觉得"那当然"吧。

　　除了阿联酋和卡塔尔之外，其他海湾产油国虽然拥有的资本各有差别，不过国民全都过着富裕的生活。这些国家的街上四处林立着巨大的购物中心，世界一流名牌的服饰品店、家电商场、生活用品商店鳞次栉比，例如 Hermes、Gucci、Burberry、DKNY、索尼、松下电气、皇家哥本哈根瓷器等，街上随处可见全家一起逛街购物的人潮。

　　一去到以工商业为主的城市，商业区内几乎都会有一个区的店专门卖闪闪发亮的贵金属。这一区称为"金市"（Gold Souq）。阿拉伯文的"Souq"是"市场"的意思。

　　金市的店内密密麻麻地陈列着项链、手镯等金饰，墙上和玻璃柜里满是头饰、首饰和戒指等饰品，上面镶嵌着钻石、蓝宝石及土耳其玉等各式各样的宝石。这一区完全是女性的天下。贵妇全身罩着称为"Abaya"的黑纱袍，置身于绚烂夺目的珠宝中，全神贯注地挑选着。

　　金市中的金制品分为各种等级，从光泽黯淡的 18K 金，到金黄澄灿的 24K 纯金制品，种类应有尽有。无论是项链还是手镯，价格一律取决于重量，与设计的样式无关。只要将看中的饰品交给店员，店员会用磅秤量出重量，然后告知价钱，与超市"以量计价"的方式如出一辙。知道价钱后，客人和店员之间的讨价还价正式开始，讨价还价声就成为金市一带喧闹的主要原因。

　　海湾产油国缺乏有价值的特产，因此从日本到此地出差的人，通常都会受老婆和女儿的委托购买金制品。日本女性喜欢有时尚感的设计，所以 18K 金的制品比纯金制品受欢迎，而且比起沉重花哨的款式，轻巧利落的饰品才更符合日本女性的喜好。因此，来此出差的人不必花费太多钱，就能将家人交代的东西一次买齐。但是当地女性的喜好明显不同。阿拉伯的女性喜欢纯金制品，而且只要经济许可，她们就会购买又粗又重的金链和金镯。她们将金制品当成高保值的财产，努力拥有。家中拥有大量的纯金制品，被她们视为是财富的证明。

海湾产油国的国民不需缴纳所得税，而且享有免费医疗和教育的待遇。面包之类的食品便宜得惊人，汽油价格也在日本的 20% 以下。由于生活花费很少，所以生活的富裕程度甚至超过了实际收入能提供的生活条件。小康以上的家庭都会雇佣全天

> 海湾产油国的国民不需缴纳所得税，而且享有免费医疗和教育的待遇。

候的女佣，无一例外。煮饭、洗衣、照顾小孩全都是印尼女佣的工作。阿拉伯的主妇只要哄哄孩子，然后就整日和左邻右舍闲话家常。稍微富有一点的家庭则雇专用的菲律宾司机，负责载送家人上街购物。而阿拉伯的丈夫，多数都是公务人员。他们都是坐在开着冷气的办公室里，不需要做什么太大件的工作，只是一边喝着咖啡，一边与同事"认真地"谈天说地。偶尔有文件需要处理，过目完了，核好章了，就交由来自也门的办公室小弟送往下一个经手的部门。即使核章的文件是道路工程的

许可证明，工程本身和核章的人却毫无关系。炎热气候下进行道路工程的是出外谋生的印度外劳，而监督工作则是埃及工人的责任。

民营企业大概也是类似的情形，海湾各国的国民只接受管理层以上的职位。年轻人嫌弃 3D 的工作，也就是"艰苦"（Difficult）、"肮脏"（Dirty）以及"低贱"（Demeaning）的工作。父母也会给孩子零用钱，让他们游手好闲地度日，因为孩子从事的工作如果和出外谋生的外劳一样，是有损体面的事。根据日本的《雇佣保险法》规定，所谓的失业状态是指："具备就业意愿，并且有能力随时任职，却无法找到工作。"依照这个定义来看，

> 年轻人嫌弃 3D 的工作，也就是"艰苦"（Difficult）、"肮脏"（Dirty）以及"低贱"（Demeaning）的工作。

产油国的年轻人是"延迟就业"，而不是"失业"。在产油国内，不必工作也能生活，因此"不工作就没得吃"这句话，在此地并不适用。一般平民的情况已是如此，王室的生活必定更超出你我的想象。能够享受这样的生活，都是受惠于地下开采出来的石油和天然气。

阿拉丁神灯还能撑多久

谈到海湾产油国的富裕生活，必然会触及两个问题：**石油和天然气一旦枯竭，海湾产油国将如何是好？君主政体又能够维持到何时？**

针对这两个问题，我个人的回答如下："先不谈遥远的未来会如何，当前至少不必烦恼这些问题。就连和我素有往来的当地普通商人，他们也认为这种担心真是多此一举。"

首先，来看一下第一个问题，也就是石油和天然气会不会枯竭？**无论是石油还是天然气，确实都是有限资源，总会有用完的一天。**对于地球蕴藏的石油和天然气，现行技术可以开采的资源量假设称为可开采蕴藏量（R），而将可开采蕴藏量除以一年的生产量（P），得出的商数就是可开采年数（R/P），这个数值也就代表现在的生产量还能够维持几年。

整个地球的石油可开采年数为 41 年，而天然气则是 63 年。石油的可开采年数既然是 41 年，这就意味着到了本世纪中叶，地球上就再也挖不到石油了。然而，不必因此而恐慌。半个世纪前，我在中学学到的石油可开采年数也是 50 年左右。经过 50 年后的现代，可开采年数仍旧没什么变化，也就代表在这期间，地球上又发现了新的石油，也可能是石油的挖掘技术提高，使回收率增加。

事实上，过去的 50 年里，俄罗斯和美国的阿拉斯加等地都发现了石油，而且在水深 1 000 米以上的深海也开挖到了石油。就生产技术的层面而言，半世纪前的开挖技术仅能回收到总蕴藏量的 20% 左右，而现在的回收率由 30% 上升到 40%。回收率从原本的 20% 增加到 40%，等同于可开采的石油量（可开采蕴藏量）增加了一倍。由于这些缘故，无论是 50 年前还是现代，石油的可开采年数一直没有变化。

至于中东产油国的石油可开采年数，沙特阿拉伯是 67 年，阿联酋为 90 年，科威特则是 100 年以上。在天然气方面，沙特阿拉伯是 96 年，阿联酋与卡塔尔更是在 100 年以上。产油国的商人为何会表示担心石油和天然气枯竭是多此一举，从上述数值应该可以了解到原因所在。总而言之，产油国繁荣的景象毫无疑问地仍会继续下去。

接着谈谈君主制度的问题。**世界的历史趋势是由君主专制制度转换为民主制和共和制的，这是谁也无法否定的事实。** 在这样的历史中，贫穷的百姓打倒贪婪的君主，建立起民主制和共和制，这种建立政体的模式是由被压榨者打倒压榨者。

将这种压榨与被压榨的模式套用于产油国时，就会发现令人难以置信的事实，也就是在这些产油国里，根本没有压榨者与被压榨者。国民不用负担纳税的义务，而国王也并没有挥霍国民的税收。产油国的国家经济依赖于石油，国王身为统治者，扮演的角色是负责将石油的盈余分配给一般平民。经济用语中，这样的国家称为"食利国"（rentierstate），意指不需挥汗工作，靠着利息收入即可生活的国家。在中东产油国，无论是国王还是一般平民，都仅仅是接受着大自然的恩惠、得益于石油而已。

> "食利国"（rentierstate），意指不需挥汗工作，靠着利息收入即可生活的国家。

而且，石油带来充分的财富，足以供全体国民过着富裕的生活。丰裕的社会激荡不出革命思想，只要住过日本，对这点应该就能感同身受。话说回来，无论再怎么富裕的国家，一定还是会有人不满贫富差距，但是这种不满的情绪，基本上不会演变到颠覆政权或发动革命。

富足方能带来和平，这是现代国际社会的共识，因此全球都在致力于协助发展中国家发展经济。美国制定的中东政策目标是："奠定富足社会及民主政治，借此建立没有恐怖的社会。"也就是说，借由经济发展建立富足的社会，同时让一般市民参与政治，通过人人均富与民主化消弭恐怖活动，为中东带来持久的和平。但是美国在这个目标中所设定的民主化政策，却成为误导判断的因素。美国提出的是实行两段渐进式的民主化政策，强迫独裁政体的国家施行民主化，然后根据这样的基础，将海湾的君主制国家导向民主制国家。

　　然而现实的状况又是如何？美国打垮了萨达姆政权，使伊拉克步上民主轨道。成果究竟如何，已经是众所皆知。在伊拉克，民族与教派的争斗浮上台面，恐怖活动愈演愈烈，治安比萨达姆当权时更恶劣，令人感到中东和平遥遥无期。

　　相较之下，海湾的君主政体国家至少局势安定。我的意思并不是指君主制度一定正确，而民主制度就是错误。美国一向提倡善恶对立观点，认为君王政体或绝对主义体制是万恶渊源，而民主制度才是正义公理，但是由现实来看，这样的观点不见得能够带来和平。美国似乎也察觉到了这一点，最近不再高声呼吁海湾的君王制国家实行民主改革。基于上述的理由，我认为海湾各国的君王政体似乎仍会持续下去。

砸钱进口"文化"

20世纪80年代，由于第一次石油热潮，海湾产油国的国内基础建设几乎都已完善，而且到了20世纪末，国民的生活水平也快速提升。如今的第二次石油热潮又带来了庞大的石油盈余，海湾各国政府的运用情形又是如何？在此试举阿布扎比及卡塔尔的情形为例说明。

阿布扎比是组成阿联酋的七个酋长国之一，面积却几乎占阿联酋全域的90%，而人口则占了40%。**最重要的是，在阿联酋的主要财源——石油和天然气中，95%产自阿布扎比**。因此，阿布扎比成为阿联酋的领头羊，不仅联邦总统由阿布扎比酋长兼任，财政、外交、国防等主要官员的职位，全都由统治阿布扎比的王室纳哈扬家族独占。

如果将阿联酋形容为一个家族，阿布扎比就是长子，迪拜是次子，而其他五个酋长国则可分别比喻成老三到老七。阿布扎比的人民拜石油所赐而过着富裕的生活，同时也慷慨地将油元分赠给每个弟弟。迪拜不但于国内疯狂进行城市开发，在专为外国客人兴建的饭店及夜店提供酒，还在海外买下拉斯维加斯的赌场，经手的事业尽皆违反伊斯兰教教义，但阿布扎比只是淡然地看着这一切。阿布扎比意识到自己应当具备身为长子的骄傲与品格，因此针对国家的改造，运用的是缓慢而合乎伊斯兰教教义的方式。

阿布扎比有着如此的坚持，因而对于国内充裕的石油盈余开始实行新的运用方式，也就是输入"文化"。阿布扎比可说是毫无任何历史遗迹和文化遗产，也没有足以称为制造业的工业，反正"从拉面到飞弹"，全都是由世界各地进口。但是**阿布扎比有着一盏独一无二、无与伦比的"阿拉丁神灯"——石油**。一摩擦这盏魔法油灯，神灯精灵瞬间被召唤现身，从它手上不断落下油元。这出现代神话上演的国度正是阿布扎比。

只要有了这盏神灯，阿布扎比就能够买到任何想要的东西，结果在阿布扎比国内，大型轿车、家庭剧院、高级精品甚至是最尖端的武器，各式各样的物质供应一应俱全，应有尽有。因此，阿布扎比下一个计划输入的不再是"物质"，而是"文化"。

"文化"输入的重点目标是巴黎卢浮宫博物馆。卢浮宫博物馆是世界美术的宝库，而阿布扎比希望让卢浮宫博物馆在其国内开设分馆。阿布扎比支付法国政府5.2亿美元，取得了"卢浮宫博物馆"30年的馆名使用权。不仅如此，阿布扎比也接受了卢浮宫博物馆的建议，另外花费了7.5亿美元，向巴黎总馆租借艺术品。卢浮宫博物馆要在中东伊斯兰国家兴建分馆，这项计划在法国也引发了强烈反应。法国《世界报》刊载了新闻，反对"将博物馆当成商品贩卖"，同时法国国内也掀起了一股轩然大波，包含知名人士在内，共有 4 500 人连名抗议："**别把博物馆当成政治和财政收入的工具！**"

但是黄金的魅力似乎连蒙娜丽莎与维纳斯也无法抗拒。法国政府情愿不顾国内的反对也要签订这项计划，究其背后的原因，我认为是法国政府看上了阿布扎比的石油和天然气。这样的看法或许是以小人之心度君子之腹，但是整个过程让人的感觉是"怎么连法国也变成这个样子了"。

阿布扎比下一步计划成立纽约古根汉姆美术馆的分馆。此外，阿布扎比还填海打造了一座"幸福岛"，现正计划在岛上建法国索邦大学阿布扎比分校以及安藤忠雄设计的海洋博物馆等设施。

邻国卡塔尔也不甘落于阿布扎比之后。**卡塔尔打出的文化特色是"大众媒体与教育"。**大众媒体就是耳熟能详的半岛电视台。半岛电视台现今已成为全球知名传播媒体，不单单局限在阿拉伯世界，因此对于提升卡塔尔的形象，有着难以估量的加分效果。该电视台招揽英国 BBC 阿拉伯语节目的原工作人员，于 1996 年正式开台。其后，半岛电视台透过阿拉伯世界的视点，报道了巴勒斯坦第二次抗暴行动（巴勒斯坦人抵抗以色列的斗争运动），另外也独家采访国际恐怖主义基地组织的首脑奥萨玛·本·拉登，因此受到阿拉伯群众狂热的支持，并且改变了过去全球传媒界的生态，打破了 CNN 等西方大众媒体独霸的局面。

　　半岛电视台经典的一役是播报伊拉克战争。从科威特到巴格达的路上，所有的媒体都只能跟在美军屁股后头采访，而半岛电视台却是不断从巴格达传出实况报道。

　　半岛电视台的新闻立场偏向阿拉伯世界，而且过于耸动，因此有时会让美国感到芒刺在背，但是中东各国具备影响力的国营媒体都是与政治勾结在一起的，而半岛电视台起码能够体现报道的自由，因此美国仍是给予好评，认为半岛电视台展现的正是符合民主主义的大众媒体文化。

　　卡塔尔的另一个文化特色是"教育文化"。这个方面是由哈马德酋长之妻——穆扎塔王后负责。主要的执行内容是在卡塔尔设立美国知名大学的分校。在卡塔尔首都多哈的郊外，由穆扎塔王后担任董事长的"卡塔尔基金"正在展开大学城建设计划，与美国知名大学合作在此设立分

> 半岛电视台现今已成为全球知名传播媒体，不单单只限在阿拉伯世界而已，因此对于提升卡塔尔的形象，有着难以估量的加分效果。

校，包括卡内基梅隆大学、乔治敦大学等 6 所名校参与此计划。

　　穆扎塔王后是位身材窈窕的美女，宛如从杂志中走出来的模特儿，而且全身上下的穿着也是服装杂志上的最新流行服饰，

散发着朝气蓬勃的干劲。2007 年，穆扎塔王后获选为推动世界
发展的百位女性之一。在中东伊斯兰世界，女性获准踏入社会
的时间极晚，尤其王室的女性几乎不会在社会上抛头露面。会
上报纸或电视的王后，大概只有穆扎塔王后和约旦的拉妮雅王
后。美国屡次批评中东的学校教育偏重宗教科目，阻碍了中东
女性进入社会就职。而卡塔尔为招揽美国名校进驻，由王后亲
自出面领导，可说真是美国的理想学生。

　　然而，我在此还是想从日本人的角度插个意见："70 万人
口中，真正拥有国籍的卡塔尔公民只有 24 万人，却要成立 6 所
大学，目的究竟何在？真要说起来，卡塔尔有着海湾首屈一指
的美军基地，这几所大学必定是为了方便当地美军子女就学。"

流入海湾又流到海外的油元

海湾产油国通过输出石油和天然气赚的油元大致会用于两个途径，然后逐渐在国内消化完毕：**一是将油元用于固定经费**——支付公务人员薪水以及提供免费的教育及医疗服务；**另外则是花费在变动经费**——支付公共工程的建设和建材输入等。但是由于石油价格暴涨，国内无法消化的多余油元全都逐渐积存在政府的户头之中。针对油元存储的规模大小，各国公布了各种统计结果，本书在此援引美国国际金融研究中心的估算数值。

根据国际金融研究中心估计，2002 ～ 2006 年，海湾合作委员会的年收入合计达 1.5 万亿美元，而这 5 年经常收支的盈余总额为 5 400 亿美元，2006 年一年单独计算的盈余已达 2 000 亿美元。这笔金额就是石油盈余，通过直接投资的方式分散到世界各国，例如转为外汇存款、购买外国政府公债或不动产或者并购企业等。

海湾产油国在美国买入的长短期公债和投资股票的总额，国际金融研究中心可以掌握得到。另外，海湾合

作委员会在全球经手的各项企业并购案，也能从一定的
范围内查到投资的金额总数。这些掌握到的金额全加起
来，总共是 2 600 亿美元，另外还有 2 800 亿美元的去向，
就连国际金融研究中心也无法得知，因此称之为"去向
不明的油元"。总而言之，总额达 5 400 亿美元的油元
潜藏在世界的某个角落。

　　国际金融研究中心试着依照全球地区划分，预估这
笔油元的去向，得出的结果是美国 3 000 亿美元、欧洲
1 000 亿美元、中东 600 亿美元、亚洲 600 亿美元、其
他地区 200 亿美元，合计正好 5 400 亿美元。投资亚洲
的 600 亿美元中，究竟有多少流入日本，完全不清楚。

　　然而，无论是谁都会猜到，流出的油元一定有投资日本的
股票。一旦有外国投资者买入某公司股票，立刻就会导致谣言
四起：中东的油元登场了！但真相如何却无从确认。股东名单
上出现的外国投资者，通常都是欧美的投资基金公司，根本找
不到看起来像阿拉伯人的名字。最近，阿布扎比政府投资日本
科斯莫石油，成为其最大股东，总算是公开了投资标的，但是
中东投资热钱会如此堂而皇之公开的例子，实在是极为罕见。

投资巨鳄"国富基金"出现

在金融业里，一个陌生的名词"Sovereign Wealth Fund"（SWF）成了近年来当红的话题。Sovereign 意指"主权者"或"最高的"，而在经济用语中，通常指"国家"。众所皆知，信用评等机构穆迪和标准普尔时常会公布"主权评级"（Sovereign Rating），评估各国政府的债信。Sovereign Wealth Fund 翻译为"主权财富基金"或者"国富基金"，指的是国家成立一专职机构，负责运用及管理国有资金，业务是将外汇存底、年金、石油出口收入等政府资金投资国外资产，例如债券、股票、不动产、并购企业等。

拥有巨额贸易盈余的日本或中国等国，当然也有着这种运用、管理政府资金的机构，不过最近在金融业引起热烈讨论的国富基金，指的是阿布扎比、卡塔尔及科威特等中东海湾产油国的油元运用机构。这三个国家都有一个共通的特征，即人口稀少，却拥有源于石油和天然气的大笔收入。即使同样都是产油国，如果像伊朗或尼日利亚一样，人口多达 7 000 万至上亿，石油收入大半都在国内就花费掉了，能够设立基金到海外投资的闲钱根本就不多。

　　阿布扎比、卡塔尔和科威特各自设有独立的投资机构，分别是阿布扎比投资局、卡塔尔投资局以及科威特投资局；这三个投资机构旗下又各自成立阿布扎比投资公司、卡塔尔投资公司和科威特投资公司，这些投资公司也就是所谓的国富基金。

　　在运用油元投资方面，这三个国家中最早发现石油的科威特有着最久的历史与经验，其次则是阿布扎比。第一次石油热潮时，这两个国家已经累积了相当的资产与运用经验。相比之下，卡塔尔运用油元投资的历史尚短。1997 年，卡塔尔才开始对日本出口液化天然气，到第二次石油热潮时，大量的油元（或许应该称为"气元"）开始流入，卡塔尔的正式运行机制才形成。然而，就实际的情况而言，由于在三个国家中，卡塔尔的人口最少，该国油元盈余增加累积的速度更为猛烈。

　　20 世纪七八十年代，由于石油价格飙涨，引起消费国恐慌，这便是"石油危机"。相对而言，这次石油价格暴涨的情形被产油国称为"石油热潮"，引起骚动的则是油元热钱和产油国运用油元对外投资的"国富基金"。造成如此差异的理由何在？

　　针对近来的石油价格涨势，消费国并没有称其为"第三次石油危机"，因为过去第一、二次的石油危机，石油价格暴涨了 10 倍以上，而这次顶多涨了四五倍而已，造成冲击的程度较小。此外，从日本节能技术发展的情形可见，发达国家依赖石油的体质找到了改善之途，如今已经具备强韧的体力，足以克服由于石油价格飙涨带来的心理恐慌。

另一方面，从产油国的角度来看，闲置的油元在国内找不到投资标的，只得将投资标的转移到海外。20 世纪 80 年代的石油热潮出现时，收获的油元规模无法与这次相提并论，而且产油国也缺乏在海外的投资经验，因此闲置的油元几乎都用来购买风险较低的金融商品，例如美国公债。这样的心理就像是穷人突然得到一笔钱，想也不想就会先存到银行里头。产油国担心将来石油价格一旦下跌，收入锐减，出于有备无患的心态，运用资金就以安全第一和低风险作为考虑的首要因素。20 世纪 80 年代后期，石油价格暴跌，而且科威特在 1990 年遭到伊拉克入侵，引发了次年的海湾战争，因此产油国过去积存的资金全都吐了出来。这样的情况虽然不幸，却是现实问题，因此造成产油国保守的心态。

然而，由于近几年低利率以及美元走低的趋势，将资金运用于美国公债成了典型的低风险、低获利的做法。过去海湾产油国所采取的保守及亲美态度，简直得加上"超级"二字来形容，连金融政策也都是完全偏向美元。但是最近的低利率以及美元走低的趋势，连海湾产油国也无法忍受了。就在此时，全球金融市场上，私募基金与创投基金迅速蹿红，每档基金的获利都相当丰厚。给予这些基金融资的欧美大型银行都有巨额的油元存款，因此也可说，油元间接提供了这些基金融资。从整个投资的模式可知，欧美银行付出微薄的利息给产油国，获得产油国的油元存款，再将这些油元注入投资基金，以此赚取利润，因此提供资金的产油国可以获得的好处全都落入了银行的口袋。

第一次石油热潮以后，海湾产油国的金融当局累积了多达 20 年的资金运用经验，拥有了充足的金融经验，因此在资金运用上，不再仅仅单纯地购买美国公债或者存放到银行，而是开始将投资标的锁定具有风险，但获利丰厚的金融商品。于是，资金规模据称高达 1.3 万亿美元的现代金融巨鳄——国富基金——就此诞生。

海湾产油国的国富基金均由各国的投资局管理运用，但是各国投资局完全不对外公开投资规模和具体的投资标的。至于各国的国富基金规模，根据中东最具权威的经济杂志《中东经济观察》推测，阿布扎比是 9 000 亿美元，沙特阿拉伯 3 000 亿美元，科威特 1 000 亿美元，而卡塔尔则是 400 亿美元。至于国富基金的投资标的，购买美国公债和银行存款仍是现今的投资主力。但是美国信用低落的个人住宅贷款引发了证券商品价格崩跌，掀起了所谓的次级房贷风暴，美国金融机关的经营问题一浮上台面，阿布扎比投资局就立刻挹注 75 亿美元给花旗集团，使得最近产油国的国富基金动向备受瞩目。过去在 1991 年时，花旗集团也曾接受沙特阿拉伯瓦利德王子的资金援助，海湾的投资热钱这次又化身白马骑士，再度出场。

不仅如此，国富基金的投资运用也开始从美元转换到欧元和其他货币。海湾产油国的资金运用态度会产生如此的变化，主要原因是全球性的低利率趋势以及美元走低，不过它们与美国之间的关系变化也不无影响。由于"9·11"恐怖袭击事件，美国对阿拉伯各国抱着严加戒备的态度，在这样的背景下，海湾产油国也开始重新检讨过去完全倒向美国的投资政策。于是海湾产油国开始分散油元的投资，除了转向邻近的中东各国，北非的阿拉伯诸国和亚洲主要信奉伊斯兰教的国家，例如巴基斯坦、马来西亚、印度尼西亚等，都成为油元的投资标的。这些国家

> 如果将油元的流向喻为河流，产生油元的源头就是沙特阿拉伯、阿布扎比、卡塔尔、科威特等产油国，而其他的阿拉伯伊斯兰国家，例如约旦等，可说是在下游等着油元流入。

中，约旦、埃及、土耳其等中东国家有着深厚的历史与经济根源，因此成为海湾产油国国富基金的主要投资对象，影响力急剧升高。

《前言》部分提到，如果将油元的流向喻为河流，产生油元的源头就是沙特阿拉伯、阿布扎比、卡塔尔、科威特等产油国，而其他的阿拉伯伊斯兰国家，例如约旦等，可说是在下游等着油元流入。在这条河流的中游，还有类似迪拜之类的国家，扮演着运河般的角色，将产油国流出的油元拦住，然后输送到全球各国。油元从海湾产油国直接流入阿拉伯伊斯兰国家，或

者中途改向流经迪拜等国。一般认为这条河流今后将日益壮大，而且千万别忘记，伊斯兰金融体系正开始挖掘一条前所未有的新运河。相对于过去欧美金融机构掌控的世界金融体系，这个方向可说是阿拉伯伊斯兰国家面临的崭新挑战。

第 5 章

走在钢丝上的羔羊

约 旦

富国环伺的约旦小国,坚持着羔羊的生存智慧。

生长于战火硝烟的贫穷国度

约旦王国是贫穷的国家，掌控约旦的王室哈希姆家族也称不上富裕。本书开头曾提到："阿拉伯的大富豪一词，几乎与阿拉伯王室画上等号。"无论是沙特阿拉伯的沙特家族、阿布扎比的阿勒纳哈扬家族还是卡塔尔的阿勒萨尼家族，每一个家族都无愧于大富豪之称。从这点来看，在这一章介绍约旦王室哈希姆家族，并不符合本书的主旨。

但是中东的历史与政治若是撇开约旦哈希姆家族不谈，根本就无从论起，其原因是，**哈希姆家族是伊斯兰教创始者穆罕默德的后裔繁衍而成的家族名称，是有着历史渊源的家族。**正因如此，从 20 世纪初期开始直至今日，哈希姆家族虽然一直遭受历史与政治的无情玩弄，仍是屹立不倒地挺了过来，而且看起来更像是哈希姆家族亲手掌握着自己的命运，不受束缚地驰骋在乱世中东。

约旦在地理位置上被大国环伺。东边是强国伊拉克，约旦过去一直受其掌控；南边是用石油作为武器的新兴经济大国沙特阿拉伯；西边是有美国撑腰的军事大国以色列；北方有叙利亚对其虎视眈眈。约旦被这四大强国包围，只有南端的亚喀巴湾有一小块连接海洋的国土。亚喀巴湾西侧是中东首屈一指的大国埃及，穿过亚喀巴湾来到红海，还得经过也门的领海才能到达公海。因此，长久以来，约旦都是处于被围绕封锁的环境中，延续着国家的生存。

约旦的国土面积为 9 万平方公里，仅是日本的 25%。这样的国土面积虽然是以色列的 4 倍大，却只是沙特阿拉伯的 4%、伊拉克的 20%、叙利亚的一半而已。约旦人口 535 万，比起邻国伊拉克的 2 900 万人口、沙特阿拉伯 2 300 万人口、叙利亚 1 800 万人口，只有几分之一的水平，而且也比以色列的 700 万人口少。

从经济规模来看，以下试着比较约旦与四个邻国（依序为沙特阿拉伯、以色列、伊拉克及叙利亚）的 GDP。约旦的 GDP 为 130 亿美元，四个邻国分别是 3 100 亿美元、1 300 亿美元、350 亿美元和 300 亿美元（均为 2005 年统计数值）。5 个国家中，约旦的 GDP 最少，与沙特阿拉伯和以色列相比，更是有着显著的差距。科威特、阿联酋、卡塔尔等海湾产油国，面积和人口都不如约旦，但是约旦的 GDP 只有阿联酋的 1/10、科威特的 1/7 以及卡塔尔的 1/3 左右，因此单就经济层面而言，约旦是一个贫穷的国家。

即使是从人均 GDP 来看，约旦也称不上是富裕的国家。约旦人均 GDP 为 2 300 美元，虽然略胜伊拉克与叙利亚，但是比起沙特阿拉伯的 1.3 万美元和以色列的 1.9 万美元，简直就是小巫见大巫；更不用提阿联酋 3.2 万美元、卡塔尔 5.7 万美元的人均 GDP 水平，与这些海湾产油国相比，只能用天差地远来形容。

如同上一章所述，我估算的阿联酋与卡塔尔人均 GDP 约为 15 万美元，因此约旦的 GDP 是在两国的 2% 以下的水平。

约旦王国为何会沦为如此贫穷弱小的国家？在 20 世纪吹袭中东的暴风中，约旦或许可以说是最大的牺牲者。

约旦的正式国名是"约旦哈希姆王国"，意思为哈希姆家族统治的约旦王国。放眼全球，国名带有统治王室名称的国家，除了第一章提到的沙特阿拉伯（沙特家族），也就只有约旦而已。约旦的哈希姆家族承继了伊斯兰教创立者穆罕默德的血脉，是有着悠久历史背景的名门，在伊斯兰教世界具有特别的影响力。

时光荏苒，到了 20 世纪初，为了中东地区贸易及石油的利益，大英帝国与奥斯曼土耳其的霸权争夺战愈演愈烈。英国有盟友法国的支持，而奥斯曼土耳其则得到德国的援助，于是第一次世界大战就在中东打开。在阿拉伯半岛上，麦加的哈希姆家族想要取代奥斯曼土耳其帝国的地位，以掌控红海沿岸的内志地区、约旦和伊拉克。此外，在阿拉伯半岛中央的汉志地区，贝都因民族的沙特家族也开始蠢蠢欲动，意图称霸整个阿拉伯半岛。

　　哈希姆家族与沙特家族都有英国在背后撑腰，这一点没有太大的差别。前者在内志地区、后者在汉志地区分头与奥斯曼帝国及其掌控的部落战斗，在这段时期内，没有产生其他问题。哈希姆家族获得英国的援助，与奥斯曼土耳其帝国军展开了游击战。负责指挥这场游击战的是当时麦加行政长官胡笙的第三个儿子费萨尔，而担任军事参谋的则是英国少校托马斯·爱德华·劳伦斯，他正是英雄人物"阿拉伯的劳伦斯"。

　　然而，劳伦斯真正被称为英雄仅限于英国等西欧社会，在阿拉伯人的眼中，他只不过是大英帝国的走狗。事实上，大英帝国与继承穆罕默德血脉的哈希姆家族约定，承诺在第一次世界大战后，让哈希姆家族取代奥斯曼土耳其帝国的地位，而劳伦斯也深信英国政府的话，因此帮助费萨尔军队作战。英国政府并未遵守诺言。第一次世界大战后，劳伦斯在一场车祸中丧命。英国的这种双面外交不是只有这次而已，在第二次世界大战时，英国若无其事地进行双面三面外交，一方面允诺阿拉伯各国的民族自主，另一方面却与犹太人秘密商定，让他们在以色列建国。

　　今日中东混乱的局势，归根到底就是英国任意妄为的外交政策造成的，因此英国须负起重大的责任。

　　但是在历史长河中，世界一直都是弱肉强食的。最后，阿拉伯半岛落入了沙特家族的手中，而哈希姆家族则被赶出麦加。英国同意让胡笙的两个儿子阿卜杜拉与费萨尔各自建国，于是阿卜杜拉成为外约旦的国王，即日后的约旦哈希姆王国的国王；而费萨尔则成为伊拉克王国的第一任国王。然而，第二次世界大战后，阿拉伯各国掀起了民族主义的狂潮，伊拉克王国由于卡塞姆将军政变，国王以下的王室成员都遭到处死，一族的血脉就此断绝，仅仅短暂地维持了三十多年的时间。

伊拉克日后更经历数次的权力斗争，最后在 1979 年时，由萨达姆就任总统，但他在 2006 年被新成立的伊拉克政府处死。历史会不断重演，这句话说得一点都不假。总而言之，**伊斯兰教创始者穆罕默德的血脉只留存于约旦哈希姆王国，如今仍在王室成员身上延续。**

强悍的约旦国王父子档

第二次世界大战后，哈希姆家族统治约旦，王国命运变得更加动荡不安。

1948 年，以色列宣布独立，与反对的阿拉伯各国展开了第一次中东战争。以色列希望回到"应许之地迦南"，建设犹太民族的祖国，就在美国的强力援助下，在第一次中东战争中大败阿拉伯联军，结果造成约旦不得不收容大量的巴勒斯坦难民。当时，约旦收容难民的报酬是获得约旦河西岸的土地，但在 20 年后的第三次中东战争中，这块领地不但被以色列夺走，约旦还必须接收新的巴勒斯坦难民。

两次中东战争造成的巴勒斯坦难民多达 350 万人，这些难民多半逃往约旦，甚至占了约旦 70% 的人口。失去祖国的巴勒斯坦难民将未来寄托在孩子身上，即使家境困苦，也要给孩子教育。无论哪个时代，贫民摆脱困境的手段就只有接受教育，因此巴勒斯坦人被视为优秀，不是没有道理的。部分难民从约旦出发前

往海湾产油国找工作。20世纪70年代，第一次石油
热潮出现，海湾产油国也同样需要优秀的巴勒斯坦劳
工。海湾产油国的贝都因民族蛮横粗鲁，习惯用钱让
外国人低头臣服，而巴勒斯坦人只能在他们底下默默
工作。

统治约旦的哈希姆家族也苦恼着该如何治理国家。约旦缺
少肥沃的土地，也缺少资源，少了其他国家的援助，就无法维
持正常的运作，同时它还得随时顾虑周边的强国。约旦就像是
被狼群包围的羔羊。

不过，**羔羊也有羔羊的生存智慧**。四周的邻国以色列、沙
特阿拉伯、伊拉克和叙利亚，这四个如同饿狼一般的国家彼此
交恶，相互露出獠牙对峙。狼群背后还有两个虎视眈眈的国家，
也就是处于冷战的美国与前苏联两个超级大国，这两个国家拥
有让这群饿狼乖乖听话的实力。于是，身为羔羊的约旦就游走
于周边各国，扮演起从中斡旋的角色，同时偶尔前往美国或前
苏联，希望一旦约旦的安全遭受威胁时，两国能够出面干预。
约旦的外交如同在走钢索一样，得同时看着几个强国的脸色办
事，一旦稍有差池，必然会导致国家灭亡。

约旦哈希姆王国的第三任国王胡笙（侯赛因·伊
本·塔拉勒）于1953年即位，1999年因癌症去世。他

在位的四十多年内，持续着极具冒险性的外交活动。胡笙国王在世时，中东发生了多起震撼全球的事件，在此无法一一列举，仅仅列出几件主要大事，其中有：埃及将苏伊士运河收归国有引发的第二次中东战争（1956年）、以色列仅用6天的时间就取得完全胜利的第三次中东战争（1967年）、约旦政府与巴勒斯坦解放组织对立冲突愈演愈烈（1970年）、第四次中东战争与阿拉伯国家的石油禁运措施（1973年）、《戴维营协议》签订（1978年）、伊朗革命和随后发生的两伊战争（1979～1988年）、海湾战争（1991年）、《奥斯陆协议》签订（1993年）等，中东的局势瞬息万变。

这些事件发生时，约旦国王胡笙正穿梭于世界各地，凭着速度和老练的外交手腕，让约旦小国度过了一次又一次危机。在这期间，中东的局势时好时坏，与过去相比，情况根本没有任何实质的改变。中东和平非但没有进展，在第三次中东战争时，约旦河西岸领地甚至被以色列夺去，结果大量巴勒斯坦难民涌入约旦，因此对于约旦而言，这40年仿佛就是被践踏欺侮的日子。

但是同时也有不同的意见指出，正因为中东局势如此混乱，才凸显出胡笙国王存在的意义，因为胡笙国王靠着周旋于大国与强国之间的外交手段，带领约旦度过危难的时局，而且都能从每次不同的局势获利，为国家争取到各种援助。对于约旦人民而言，胡笙国王是一位值得信赖的男人。他相当受到人民爱戴，简直如偶像明星一般。

胡笙国王成功撑过国际政治的一波波激流，但是繁重的事务日渐蚕食他的健康，60 岁之后，胡笙国王成为美国医院的常客。1998 年，胡笙国王任命王储代行国王职务，然后前往美国疗养。当时的王储是他的亲弟弟哈桑亲王。继位成为国王时，胡笙尚未成家，因此弟弟哈桑亲王才会被指定为王储。

胡笙国王娶了 4 位妻子，生下了长子阿卜杜拉（现任国王）和其他 3 个孩子。阿卜杜拉生于 1962 年，是胡笙国王与第二任妻子慕娜王后生下的王子。从开国国王到第三任国王胡笙为止，约旦哈希姆王国始终是由国王的长子继承王位，即遵守着嫡长子继位制度。因此，就一般情形而言，阿卜杜拉王子成年前的某个时间，胡笙国王理应让弟弟哈桑亲王退位，将王储的位置交给长子阿卜杜拉王子。

但是在胡笙国王前往美国疗养时，长子阿卜杜拉已经三十七八岁了，仍然没有成为王储。阿卜杜拉无法成为王储的原因只有一点，他的母亲，也就是胡笙国王的第二任妻子慕娜王后（本名安托瓦内特·加德纳）是英国白种人。

哈希姆家族传承了伊斯兰教创立者穆罕默德的血脉，有着显赫悠久的家世。这条神圣的血脉在伊拉克王国已经断绝，如今仍然代代传承的阿拉伯家族中，只有约旦王室哈希姆家族身上依旧继承着穆罕默德纯净的血脉。据说胡笙国王的母亲（王太后）

强烈反对让阿卜杜拉当上王储并成为下一任国王。一般认为，王太后的态度大概也反映出了大多数王室成员的看法。如果情况一直持续下去，最后由哈桑亲王当上国王是不争的事实。

然而，胡笙国王此时采取了大大出乎人意料的行动。

1999 年 1 月，胡笙国王知道自己大限将至，于是包了一架专机，躺在病床上直接从美国飞回祖国约旦。回国后，他当场下令免去弟弟哈桑亲王的王储身份，改由长子阿卜杜拉王子接任。胡笙国王发布这项命令后，立刻返回美国的医院，2 月 7 日离开人世。于是，阿卜杜拉继位成为现任国王。

第三任国王胡笙做出如此出人意料的行动，背后的因素究竟是什么？也许胡笙国王深信，让长子阿卜杜拉王子成为国王，才是维持哈希姆家族与约旦王国长治久安的最佳办法吧。也就是说，他的行为让人感觉不到他是出于身为人父的私心，并不是单纯想让自己的孩子继承王位。

假设前王储哈桑亲王顺利登上王位，情况又将如何？哈桑亲王也有长子，因此他当上国王后，究竟要立谁为王储呢？是选择自己的长子，还是选择前国王的长子阿卜杜拉王子呢？这个棘手的问题必然会发生，而这个问题将会成为家族分裂的导火线。引起这种家族分裂的情况，绝大多数是由于各自的配偶、关系紧密的亲戚或者心怀鬼胎的旁观者在一旁兴风作浪，并不是当事人执著于王权。只要双方当事人没有争夺王位的野心，一方当上国王，另一方也获得相对合理的待遇，那么整个事件就能圆满落幕。但是对于一旁煽风点火的人来说，自己支持的王子能否当上王储，可是攸关生死的问题。

除了哈希姆家族本身的历史外，胡笙国王也看尽了邻近君主制国家的继承问题，所以他应该是极力想要避免家族分裂。约旦四周被大国包围，一旦哈希姆家族内部分裂的问题处理不当，就可能引起最糟糕的情况，使整个家族灭亡。因此，胡笙国王不惜采用强硬的手段，也要让自己的长子

> 约旦四周被大国包围，一旦哈希姆家族内部分裂的问题处理不当，就可能引起最糟糕的情况，使整个家族灭亡。

继承王位。如果长子不是当国王的料，胡笙也不会有这样的做法，显然阿卜杜拉王子充分具备担任国王的资质。借由嫡长子继承的传统，让长子阿卜杜拉登上王位，就不会掀起风波，而且哈希姆家族与约旦都能平稳地走下去。

于是，阿卜杜拉王子成为约旦哈希姆王国的第四任国王。从始祖穆罕默德开始算起，这位新国王也是哈希姆家族的第 43 任家长。

现代灰姑娘——拉妮雅王后

约旦现任王后拉妮雅 1970 年生于科威特。她的父亲是巴勒斯坦籍的医生。由于第一次中东战争，拉妮雅王后的父亲被迫从祖国巴勒斯坦逃往约旦。他在约旦取得医师资格后，移居富裕的国家科威特，在当地行医发家。这正是当时的巴勒斯坦人典型出外奋斗而发迹的成功例子。

但是拉妮雅一家人的生活却因为海湾战争而急转直下。当时伊拉克总统萨达姆高喊着要将以色列从中东的历史中抹去，巴勒斯坦人都将复国的希望寄托在萨达姆身上，对他抱着热切期待。不仅如此，萨达姆宣布合并科威特时，也让巴勒斯坦人感到振奋。在科威特工作谋生的巴勒斯坦人，对于科威特人骄傲自大的行径，内心充满强烈的反感。1990 年，伊拉克攻陷科威特时，巴勒斯坦人欢声雷动地迎接伊拉克的军队。伊拉克将科威特彻底打垮，一扫他们长年累积的愤懑。

不过，科威特一获得解放，就立刻将所有巴勒斯坦人驱逐出境。于是，拉妮雅一家人带不走任何东西，空手回到了约旦。拉妮雅在约旦首都安曼找到一份银行职员的工作，开始过着职业女性的生活。某一天，通过一位友人介绍，拉妮雅认识了阿卜杜拉王子，当时王子就对拉妮雅一见钟情。

于是，两人就在 1993 年结婚。如同前述，阿卜杜拉王子当时并非王储，因此拉妮雅虽然是嫁得了金龟婿，也不过是哈希姆家族中的一个王妃。命运真是令人难以预料，阿卜杜拉王子在 6 年后当上了约旦国王，拉妮雅也因此成为王后，整个过程就像是现代版的灰姑娘传奇。

阿卜杜拉国王与拉妮雅王后如今运用各自的角色特点，在自己的领域活跃。**阿卜杜拉国王延续父亲胡笙的做法，将所有精力投注于外交工作，全球没有哪一国的元首能像他一样，如此频繁地与外国首脑展开会谈。**

比如，2005 年 10 月中旬，阿卜杜拉国王分别访问了马来西亚和巴基斯坦，接着前往也门和苏丹进行一日访问；11 月，他结束叙利亚一日访问的行程后，随即与来访的联合国秘书长安南展开会谈；12 月，阿卜杜拉国王访问了日本、中国和泰国，在日本与小泉纯一郎首相会谈，而 12 月下旬，他又访问了希腊。从即位至今，阿卜杜拉国王几乎都保持这样的步调，坚持他的外交之旅。在这期间，他当然也出席内阁会议，对于国内政治仍是高度关切。

政治以外的国内活动，就由拉妮雅王后代替阿卜杜拉国王完成。约旦国民有 70% 是巴勒斯坦人，因此同为巴勒斯坦人的拉妮雅王后广受爱戴。阿卜杜拉国王由于混杂了英国人的血统，与一般国民有着微妙的隔阂，而打破这道隔阂的人就是拉妮雅王后。约旦当地的新闻媒体没有一天不出现王后的照片。推行外交的国王与负责内政的拉妮雅王后，两人的搭配堪称绝妙。

博同情博来海湾油元

受到历史与政治摆弄的约旦王国令人同情，但是同情不足以养活超过 500 万的国民。约旦国土狭小，而且几乎都是穷山荒地，耕地面积极其有限。资源也只有与沙特阿拉伯交界的国境附近出产的磷矿，国家不能提供足够的工作机会。因此，许多国民前往富裕的海湾产油国工作谋生。拉妮雅王后的父亲过去在科威特做医师，他也是这些出外谋生的国民之一。这群住在国外的巴勒斯坦裔约旦人，据说送回国内的金钱多达 22 亿美元，是约旦旅游收入的三四倍，更是外国直接投资金额的 8 倍。

约旦拥有许多观光资源，例如佩特拉古城、死海等，包含日本游客在内，有许多来自海外的观光客。但是光靠出外工作者寄回来的钱和旅游收入，并不足以支撑整个国家的运作。因此，约旦政府还需要依赖外国提供援助。只要是愿意提供援助的国家，不管是实行资本主义还是社会主义，不论信仰伊斯兰教还是基督教，它们的任何主义、主张、宗旨和信条都一概忽略。即使过去是相互交恶的国家，只要现在的关系良好，约旦都会提出援助的请求，毫不客气。总而言之，约旦要的不是同情，只要能提供钱或物资，无论是哪一国都无所谓。

世界新七大奇迹之一——约旦佩特拉古城

然而，**约旦并不仅仅通过动之以情的方式向他国请求援助。
约旦负责处理中东地区的纷争，出面担任调停的角色，借此向
外国争取援助。**收容中东战争造成的众多巴勒斯坦难民就是典
型的例子。在 2003 年的伊拉克战争中，约旦也收容了近 70 万
的伊拉克避难民众。以色列与伊拉克的背后涉及美国，因此以
色列与巴勒斯坦的纷争、伊拉克国内的混乱局势等，对于约旦
而言，可说是获得了外国援助，尤其是美国援助的绝佳材料。

在中东遭受孤立的以色列，有美国的全面支持，而且伊拉
克又有大规模的美军部队驻扎，因此引发阿拉伯各国强烈的反
感。面对这些问题时，美国鲜与阿拉伯各国直接摊开来谈，此

时就轮到约旦出面。前国王胡笙和现任国王阿卜杜拉，都经常飞往华盛顿、开罗和叙利亚等地，试图调停。即使是海湾产油国的国王或酋长，约旦国王都保持着随时能够直通电话的关系，更表示要联络以色列、巴勒斯坦和伊拉克等国的首脑。中东的问题并不单纯，不是光靠约旦的努力就能解决的，但是由约旦国王担任沟通桥梁，让双方关系人都有面子，起码能够平息两国剑拔弩张的局面。约旦负责调停的报酬，就是美国等国家提供各种经济援助，包含资金援助在内。"因祸得福"可说正是约旦的座右铭。

最先与美国签订自由贸易协议的中东国家就是约旦，这件事情罕为人知。在面向红海的亚喀巴湾地区工业建地，约旦设立了经济特区，运用国内低廉的劳动力生产纤维制品，大量销往美国。由于签订了自由贸易协议，约旦输入美国市场的产品享有无关税、无限制的优惠，这点从约旦的出口统计上看便一目了然。2003 年，约旦对美国出口的金额为 6.6 亿美元；2004 年与美国签订自由贸易协议之后，则激增至 10.2 亿美元，而美国成为约旦出口额第一的国家。

此外，在经济特区里，约旦运用以色列的尖端技术制造工业产品。由于阿拉伯各国和其他国家对于 Made in Israel（以色列制造）的产品反感，因此这些产品能够以 Made in Jordan（约旦制造）的名义出口，对于约旦与以色列来说是一场双赢的交易。

从阿卜杜拉国王的外交成果来看，他从阿拉伯产油国获得了实质的石油援助。2000 ～ 2002 年，在向约旦出口石油的国家中，居首位的其实是伊拉克，但是到了 2003 年，却突然变成沙特阿拉伯。输入的物资当然就是石油，但这样的变化明显是因为有政治因素介入。换句话说，伊拉克萨达姆的政权到末期时，为了拉拢约旦，用低于市价的价格向约旦提供石油。但是萨达姆政权瓦解后，伊拉克国内陷入混乱，由于石油无法输出，对约旦经济造成严重的影响。因此，沙特阿拉伯此时才向约旦提供援助。

然而，政治的因素虽然好懂，人心却难测。约旦似乎并不是从心底欢迎沙特阿拉伯提供的援助。在占约旦国民 70% 的巴勒斯坦人中，多数有过外出前往沙特阿拉伯等海湾产油国工作的经验，他们在当地受到了不当的差别待遇，对于海湾各国的一切都感到强烈的厌恶。而且，对于哈希姆家族而言，沙特阿拉伯的沙特家族更是世仇，他们将哈希姆家族从父祖安居的麦加城内逐出，因此约旦对沙特阿拉伯并不带着友好的感情。约旦王室和国民的心中所想，大概就是这些吧。但是对于贫穷的约旦而言，并没有资格说这些话，说出心声无助于国家或国民的生存。**与其博得同情，不如换来金钱与物资。**

　　仅仅依赖政府获取援助，无论是美国的资金援助还是阿拉伯友邦提供的石油，无论经过多长的时间，约旦都无法获得经济的独立，也无法降低国内的失业率。因此，约旦政府计划引入外国资本，让国家朝产业多元化发展，并且振兴经济。此时，海湾产油国也在寻找全新的油元投资标的。

　　于是，2007 年 5 月，约旦在引以自豪的度假观光胜地——死海，召开了中东地区世界经济论坛。世界经济论坛是全球最大的民间经济会议，每年冬天在瑞士达沃斯举行，一流的政治家和经济学家都会参与。这场中东地区的经济会议，参加人数共 1 200 人，分别来自 56 个国家。在这场中东地区的经济会议上，阿卜杜拉国王发表了名为《现在正是投资时机》的开幕演讲，号召与会者前来投资。演讲主要指出包含基础建设工程在内，中东现在正陆续推动各项开发案，投资者千万别放过这次机会。

　　除此之外，约旦还在科威特开设了约旦第一个投资促进办事处，真正开始争取科威特的油元投资。科威特投资约旦的总金额达 90 亿美元，占约旦接受的海外直接投资的 75%，是最大的投资国。海湾战争结束不久，科威特驱逐境内拥护伊拉克萨达姆政权的巴勒斯坦人，科威特与约旦两国政府间，必定因此产生隔阂。但是政治与经济不能混为一谈。一般的看法反而认为，被逐回约旦的巴勒斯坦人掌握通畅的管道，能够与科威特的经济界搭上线，这应该是约旦将第一个海外投资促进办事处设于科威特的原因。

　　于是，海湾产油国与约旦双方的考虑一拍即合，大额的油元流入约旦，在该国掀起了一阵建设热潮。根据联合国贸易暨发展会议的报告指出，2006 年流入约旦的海外直接投资金额为 31 亿美元。现在，来自阿布扎比、科威特等国家的 6 家企业合资的公司投下了 7 亿美元，针对约旦航空运输的对外门户阿丽娅王后国际机场，进行大规模的扩建工程。扩建完成后，机场改为民营，这家合资公司获得 25 年的营运权。民营化就是约旦引进油元投资的重要方法之一。

　　在此说个题外话，这座机场的名字源自于胡笙前国王的第三任妻子阿丽娅王后。出生于埃及的阿丽娅王后深得国民爱戴，却在 1977 年时死于直升机空难事故。她留下了两个孩子，女儿哈雅公主嫁给了迪拜的穆罕默德酋长，并担任该国奥委会主席，表现相当活跃。至于王后的儿子阿里王子则迎娶了阿尔及利亚籍的记者莉姆·布拉希米，她的父亲拉荷达·布拉希米是阿尔及利亚的前联合国代表，也是负责处理伊拉克战后问题的联合国秘书长顾问。哈雅公主与迪拜酋长结婚，不能说是为了获取阿联酋投资约旦而结下的政治婚姻，这种类似阿卜杜拉国王母亲的异国婚姻的情况，在哈希姆家族中相当常见。

　　总而言之，海湾产油国的油元相继流入约旦，甚至传言说在所有建设开发案中，有 35% 的资金来自于沙特阿拉伯。

第 6 章

富豪榜上的熟悉面孔

政治商人

富豪榜不是全部,
不愿公开资产总值的阿拉伯大富豪多不胜数。

财不露白的阿拉伯富豪

富豪一词的定义与十几年前有所不同。过去，富豪的代名词是"百万富翁"(millionaire)。当时是1953年，也就是玛丽莲·梦露主演的电影《愿嫁金龟婿》上映的年代。但是现在衡量富豪的标准变成了"亿万富翁"(billionaire)，也就是要达到10亿美元的水平，这是成为现代富豪的标准。第3章提到，根据美国经济杂志《福布斯》公布的2007年全球富豪排行榜，净资产达10亿美元以上的亿万富翁，全球共有946人。

2007年的数据显示，排行榜首位是美国微软公司总裁比尔·盖

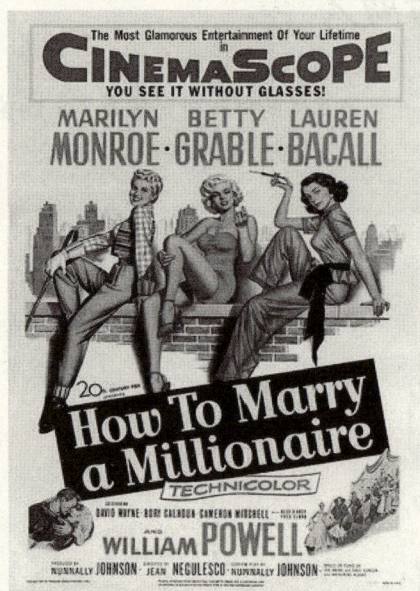

玛丽莲·梦露主演的
电影《愿嫁金龟婿》

茨，他的个人资产有 560 亿美元，美国总共有 415 人上榜，几乎占了一半名额，不愧是经济大国。日本有 24 人上榜（软件银行的孙正义居冠），在国家排名中排第六，成绩不高不低，而经济高速发展的金砖四国中，俄罗斯 53 人，印度 36 人，中国及巴西各 20 人。

至于阿拉伯产油国的情形，沙特阿拉伯有 13 人，阿联酋 5 人，科威特则是 4 人。百名以内的阿拉伯大富豪如下表所示：

排名	人物	国籍	净资产额	行业
第 13 名	瓦利德王子	沙特阿拉伯	203 亿美元	投资业
第 52 名	卡拉菲家族	科威特	115 亿美元	建设业
第 86 名	穆罕默德·阿毛迪	沙特阿拉伯	80 亿美元	石油业
第 86 名	古拉尔家族	阿联酋	80 亿美元	银行业
第 97 名	曼恩·沙尼亚	沙特阿拉伯	75 亿美元	建设业 金融业
第 99 名	萨利赫拉吉哈	沙特阿拉伯	74 亿美元	银行业

在沙特阿拉伯等海湾产油国，富豪人数远比金砖四国要少，而且王室成员仅有瓦利德王子一人上榜，这样的排名结果多少令人纳闷，例如在 946 位富豪中，居然看不到沙特阿拉伯首屈一指的制造商本·拉登家族的名字。奥萨玛·本·拉登只是老

父亲20多个儿女中的其中一个，据说从父亲手上继承的财产就有3亿美元，因此本·拉登家族的资产现在应该不少于100亿美元。此外，代理丰田汽车的ALJ集团总裁毫无疑问也是亿万富翁。除了上述提到的人物，沙特阿拉伯还有许多在全球名列前茅的富豪。阿联酋或科威特也有很多民间富豪。单就王室而论，在海湾各国，生活过得比瓦利德王子豪奢的王室成员，更是多不胜数。

一般认为，这样的排名结果是因为《福布斯》杂志在评比资产总额时，主要计算本人拥有的股票价值。以全球首富比尔·盖茨的情形来说，微软公司是上市公司，因此将他拥有的股份折合时价计算，几乎就能够掌握他的资产总额。然而，阿拉伯的民间富豪几乎都是开设家族企业，而且股票也不上市。因此，他们的资产根本无法正确统计，更何况一手掌握石油财富的王室成员，怎么可能将自己的资产对外公开。或许这些王室成员也无法正确掌握自己拥有多少财富。瓦利德王子由于投资花旗银行等欧美一流企业，因此财产明细近乎透明，这样的情况反倒是例外。

由上述内容可知，阿拉伯世界必定藏有为数众多的"低调富豪"。富豪们拥有多少财产，外人几乎无从窥知。"不仅财不露白，财产运用的方式也不能公开"是古今东西方富豪的共同态度。炫耀自己是有钱人，大手大脚地花钱，这种"暴发户"根本就称不上是富豪。没钱的平民总是会羡慕富豪，想知道富豪拥有多少资产。一旦知道富豪的身价，就会开始眼红、妒忌，毫不留情地批评富豪。除此之外，有心人士也会闻风来到富豪身边，对富豪勒索、敲诈、诈骗。因此，真正的富豪会尽量过着不引起瞩目的生活，享受极尽低调的奢华。

20 世纪 80 年代出现第一次石油热潮，阿拉伯的富豪首次尝到有钱的滋味，表现得如同暴发户一样，引起了世人的厌恶。当时，沙特

> "不仅财不露白，财产运用的方式也不能公开"是古今东西方富豪的共同态度。

阿拉伯国王的长子穆罕默德在拉斯维加斯豪游，一晚扔出了 50 万美元，传得世人皆知。稍微有钱的阿拉伯财主，虽然豪奢的程度比不上穆罕默德王子，但一到夏季假期，也会带着全家大小涌入纽约、伦敦、巴黎等欧美大城市，占据一流的饭店。小孩在饭店大厅里跑跑跳跳，好像在自家院子一样；主妇们则到精品店内大把大把地撒钱；而先生就去夜店狂欢胡搞。欧美民众看着这些阿拉伯财主，流露出厌恶的神情。

但是阿拉伯的富豪最近似乎改成享受低调的奢华，避免引人注目。在第二次的石油热潮时，他们也有了身为真正富豪的自觉，或许也是受到"9·11"恐怖袭击的影响。"9·11"事件之后，欧美民众看着阿拉伯旅客的眼神都带着厌恶，甚至充满敌意。

根据《广辞苑》定义，所谓的政治商人，是指"与政府或政治家有着特殊关系，以此谋得权和利的商人"。阿拉伯各国通

过宗教使政治与经济保持密切联系，原本就为政治商人的出现提供了有利环境，何况像沙特阿拉伯等海湾各国，既是产油国，又是君主制国家，情况更加明显。海湾产油国除了石油业以外，缺乏值得一提的产业，油元就是所有经济活动的源泉，而掌握油元与政治的正是王室。因此，这些国家的特色就是政治带动商业活动，与王室的联结正是政治商人的象征。

军火商人与御用商人

20 世纪 60 年代的油元经济起飞，80 年代的第一次石油热潮发生，阿拉伯世界的政治商人就在这段时期出现。政治商人大致分为两种类型，即"军火商人"和"御用商人"。**油元经济起飞期出现的政治商人属于军火商人，而第一次石油热潮时期则造就了御用商人。**

无论是哪一类政治商人，同样都是因为攀上掌握权力与油元的王室而累积财富成为富豪，只是由于出现时期不同，形成的原因有所差异。如果要更进一步细分不同之处，就可以发现军火商人都是外国人，御用商人则是本国人。这两类政治商人的著名人物中，军火商人的代表是阿德南·哈肖吉，而御用商人的代表则是第 1 章谈到的本·拉登。

买卖军火的著名政治商人阿德南·哈肖吉是埃及人。20 世纪六七十年代，美苏冷战使得中东局势动荡不安，而当时沙特阿拉伯的油元经济开始起步，洛克希德公司的代理人阿德南就趁机接近该国王室，暗地里兜售军火。通过做洛克希德公司与沙特阿拉伯政府进行军火交易的中介，阿德南赚到了庞大的中介费用，跃升成为富豪之一。包含当时的沙特阿拉伯国王在内，阿德南获得许多有权的王室成员给予的大笔军火买卖回扣，这是肯定的事情。日本洛克希德采购事件发生之前，阿德南就已经成为沙特阿拉伯的政治商人了。

　　日本前首相田中角荣因为收取回扣而被逮捕，如果是在沙特阿拉伯，根本就不会有这种问题。田中角荣是在选举中诞生的政府官员，却利用自己的职位收受回扣，很明显犯了贪污罪。但是在阿拉伯世界，王室并不是由国民选出，而且采购军火的金钱源自石油，也不是拿国民的税金支付，因此收受回扣不会构成贪污。对于王室成员来说，回扣并不代表"黑钱"，而是"理所当然要收取的手续费"。在油元经济起飞期，王室成员将军火交易交由外国籍的政治商人一手包办，自己只收取政治商人给的回扣，就心满意足了。

　　阿德南·哈肖吉成为富豪后，由于涉及多项内幕交易，例如伊朗事件（美国里根政府向伊朗秘密出售武器一事被揭露后，造成严重政治危机的事件），结果因违法献金的罪名被逮捕，不过他现在已经不再介入军火买卖了，在摩纳哥过着悠闲自得的生活。阿德南在事业最巅峰时期拥有的超级豪华游艇，如今已被沙特阿拉伯的瓦利德王子买下。

此外，阿德南的妹妹嫁给了穆罕默德·阿尔·法耶德，他也是一名政治商人，而且还是伦敦哈罗德百货公司的拥有者。众所周知，阿尔·法阿尔·法耶德的儿子多迪·阿尔·法耶德就是前英国王妃黛安娜的男友，他们在巴黎市内的一场车祸中丧生。

过去欧美军火制造商与阿拉伯王室之间的军火交易，都是通过像阿德南·哈肖吉一样的军火商人从中牵线。当时，所有与欧美军火制造商的交涉事宜，王室成员都交由外国籍军火商人全权负责。虽然只拿回扣，金额也远非一般人所能想象。政府从石油收入中拨给王室成员生活费用，而这笔回扣完全是额外的秘密收入。然而，王室之中，能够获得这类回扣的人也只有部分特别的王室成员，例如与有权利发包采购军火的国王或国防大臣最亲近的王室成员，也就是他们的儿子及近亲。总而言之，包含买卖双方和负责中介的政治商人在内，对于所有的有关人员来说，军火交易都是一门非常好赚的生意，也因此一直被重重黑幕笼罩。

20 世纪 80 年代，沙特阿拉伯由法赫德国王与苏尔坦国防大臣（现任王储）掌握政治实权。他们两人是同母所生，是七兄弟里的长子和次子，这七个兄弟由于母亲名字的关系，被称为"苏代瑞七兄弟"。法赫德国王的儿子穆罕默德王子是沙特阿拉伯东部地区，即该国石油生产基地的行政长官，而苏尔坦的儿子班达尔王子则是驻美大使，两人分别担任要职，同时也负责出面代替父亲收受军火商人的巨额回扣。穆罕默德王子在拉斯维加斯豪游的事迹，已在前文提过。

此外，班达尔王子更是利用驻美大使的身份，直接私下与英美军火制造商接洽。阿德南·哈肖吉等人已经是过气的军火商人，被甩到一边，改由王室成员亲自接手军火交易。由于发生洛克希德事件，美国因此修定《海外贪污防制法》（2003 年成为国际公约，更名为《联合国反腐败公约》），结果在欧美尖端武器的输出贸易方面，军火商人从此失去可以活跃的舞台。

1988 年，沙特阿拉伯与英国签订一纸总额近 840 亿美元的军火采购合约，购买英国龙卷风战机等武器，同时又向法国采购战机等武器。直到 2003 年《联合国反腐败公约》制定为止，沙特阿拉伯王室与英法军火制造商之间，一直维持惯例，有着不当的政治献金往来。这起事件在 2004 年浮出了水面。

迷雾重重的黑金弊案

据说在龙卷风战机采购案中，涉及 6 000 万英镑的黑金弊案，因此英国重大弊案调查办公室费时三年进行搜查，结果查出沙特王室设在瑞士的秘密户头。整起事件被伦敦的《泰晤士报》报道出来。当时，龙卷风战机的后续机种采购商谈已经进入最后阶段，因此问题变得更复杂。英国提供的后续机种是台风式战机，而法国则是狂风式战机，两国为了这份总金额达 420 亿美元的采购合同，争得不可开交。

2004 年底，沙特阿拉伯暂时决定采购英国的台风式战机，于是法国总统希拉克于次年 3 月飞抵利雅得，企图说服沙特阿拉伯王室改变心意，而英国王储查尔斯王子与卡米拉王妃也在同一个月访问沙特阿拉伯。当然，英国王储夫妇的访问虽然不是为了战机的采购合约，却是一次时间敏感的王室外交。最后，采购案仍是保持原样，由英国拿下，这起事件似乎就此落幕。

此时，重大弊案调查办公室突然介入调查贪污事件。沙特阿拉伯察觉了重大弊案调查办公室的行动，派遣驻英大使拜访布莱尔首相的亲信，扬言放弃采购战机，借此迫使英国停止调查。沙特阿拉伯官方威胁英国政府，如果不停止搜查行动，就改向

　　法国采购军火，由驻美大使调任国家安全委员会秘书长的班达尔王子正在巴黎，与希拉克总统会谈。英国布莱尔首相得知此事后，大为震惊，立刻向检察长施压，中止了一切调查行动。

　　问题并未因此结束。2007年6月，《卫报》与BBC的报道再次掀出了这件弊案。报道指出，班达尔王子在担任驻美大使期间，至少收取军火制造商英国宇航公司10亿英镑的回扣，而英国政府对整件事情也知情。但是针对这起报道，布莱尔首相强调无意重新开展调查，他表示：“如果无法拿到这份采购案，会有数千人失业，而且有损与沙特阿拉伯的外交关系。”最后，在2007年9月，沙特阿拉伯与英国正式签约采购72架台风式战机，所有的疑团全被葬送在黑暗之中。

　　一连串弊案的发展都是由英国大众媒体揭露的，沙特阿拉伯的大众媒体却对弊案报道视若无睹，仿佛家常便饭一样，再不然就是只报道班达尔王子否认弊案的谈话。报道推测收受这笔回扣期间，英国有过政权轮替，因此弊案同时牵涉到保守党与工党，万一疑团彻底解开，英国的执政党与在野党都无法全身而退。此外，就沙特阿拉伯的立场而言，现任王储苏尔坦四十多年前就开始担任国防大臣，他与他的儿子——前驻美大使班达尔王子，必定是这起弊案里的关键人物。一旦弊案浮出水面，对两人的名誉将会带来很大的伤害。沙特阿拉伯政府会对英国施压，迫使调查中止，正是因为无法忍受名誉受损。对于骄傲的贝都因人后裔而言，名誉远远胜过一切。

英法军售巅峰对决

　　英法两国为何会如此积极地销售各自的战机呢？这是因为军火业是两国的重要经济支柱。**全球主要军火输出国家有美国、英国、法国，还有俄罗斯和南非等**。这些国家之中，有能力制造可出口的战机的只有美、英、法和俄罗斯四国，其他国家主要是生产机关枪等小型武器。阿拉伯产油国的外交基本方针倾向欧美，因此俄罗斯制造的战机根本不在考虑之列；而在"9·11"恐怖袭击事件之后，美国与阿拉伯产油国之间，双方打从心底产生了不信任感。因此，提供沙特阿拉伯的战机交易，只剩下英国与法国相互对抗。

　　英法两国都将航天业当成国家产业、战略产业，从雇佣关系来看，它也是两国最重要的产业之一。布莱尔首相说过："如果无法拿到这份采购案，会有数千人失业。"这话丝毫不假，支持他的工会也应该完全了解这个事实。对于法国而言，情况也一样。法国虽然是先进工业国家，但是民生方面的技术远远落后于美国、德国和日本，而具备国际竞争力的法国工业，只有飞机、核电和高速铁路。因此，法国总统身先士卒，亲自带头提倡经济外交。希拉克抓住英国失误的时机，赌上微乎其微的可能性，造访利雅得，也正是为了国家的经济利益。

但是这场台风式战机对狂风式战机的军售竞赛，最后还是英国获胜。我认为原因在于英国有王室，而法国没有。

如同先前所述，英国王室应该不会直接介入军火交易，但是王室外交毫无疑问地具备了促销的功能。众所皆知，英国的国名是 United Kingdom，也就是"联合王国"的意思。换句话说，英国是全球为数不多的"王国"之一。沙特阿拉伯同样是以"王国"自称，因此英国王室对沙特阿拉伯的王室来说具有特别的亲切感。由此可知，沙特家族对于外国的王室也抱持着亲近感与敬意，对日本和日本王室，也是抱着同样的态度。除了沙特阿拉伯之外，

历史上，英国军队陆军参谋长多是由桑赫斯特皇家军事学院毕业生担任。其中，前英国首相丘吉尔以及蒙哥马利、罗伯茨、亚历山大等 10 多名陆军元帅都是从这里走出来的。

这样的情愫同样可以在海湾合作委员会中的各国王室和酋长家族中看到。

虽然英国过去对阿拉伯世界进行过帝国主义侵略，现代阿拉伯世界的一般国民和国家精英却不会对英国产生反感，反而抱持着亲近的态度，这正是英国的厉害之处。相较之下，从阿尔及利亚人身上可以看出，同样是帝国主义侵略者的法国，却让阿拉伯人极度厌恶。

英国对阿拉伯的巧妙外交政策，充分展现在教育方面。位

桑赫斯特皇家军事学院

于伦敦郊区的桑赫斯特皇家军事学院中，随处可见海湾产油国的王室子孙前来留学。查尔斯王子的两个孩子也曾在这所学校就读，当时阿拉伯各国的王室有许多子弟到这里留学，两方的学生建立了"同吃一锅饭"的情谊。这算是英国王室外交的最大成果吧。查尔斯王子几乎每年参加利雅得市郊举行的民族舞蹈庆典，加强与阿卜杜拉国王和沙特阿拉伯王室成员之间的友谊。

即使两国正在展开各种大型交易谈判，双方依旧若无其事地进行着王室外交。无论是英国的一般国民还是王室成员都很有一套。

不过，英国的"缺点"是有着全球数一数二的报道自由。英国的大众媒体，尤其是八卦小报时常揭露政府机密。至于法国，政治相关的丑闻往往会遭到封杀，鲜有造成大事件，是一个不可思议的国家。虽然同样是先进国家，在美国、英国、德国，甚至日本，只要执政党发生丑闻，哪怕很微小，也会占据平日的报纸版面。相较之下，法国的情况实在让人难以理解。从非洲的原法属殖民地发生的情况来看，很多人怀疑是法国在幕后操控，然而在法国国内，这些事情却掀不起一丝风浪。理由之一大概是法国的官僚都出自高等专业学院系统的精英学校，例如法国行政管理预备学院、法国综合理工学院等，这群精英巩固着整个官僚体系，而且法国多数重要产业全都由国家经营，如石油开发、通讯、电力和天然气等。

法国的精英阶级掌控政权，一退出政府就转任国营企业高层。在这样的背景下，丑闻会遭到封杀是再自然不过的事情。沙特阿拉伯王室采购英国战机时，陷入了弊案风波，其实对这些王室成员而言，回扣问题根本不会浮上水面的法国才是他们最想要交易的伙伴。然而，相较于英、美、德三国和日本，官僚主义当道、国营企业盛行的法国，有着技术升级缓慢的不利因素。最新型战机属于尖端技术的一项，法国在这块领域落后于英国是不争的事实。因此，即使沙特阿拉伯王室抱有想法，仍旧不会采购法国生产的战机。

一手握钱一手握权的政治商人

现代阿拉伯的政治商人，可以说就是阿拉伯各国的执政者。
本节所指的政治商人，并不是指传统意义上的政治商人——与
政府或政治家有着特殊关系，以谋得权和利的商人；而是指在
阿拉伯——伊斯兰世界，由于政治与经济紧密结合，执政者本
身就是政治商人。这些执政者掌握了天然的石油资源和卖石油
获得的巨额油元。至于石油与油元的运用方式，则因国家而异。

伊朗是用来作为牵制美国的手段，沙特阿拉伯的做
法也近似于伊朗。相较之下，卡塔尔与科威特却是为美
国提供大量的石油，以换取国家的安全保障。迪拜则利
用这些资产，力图在全球经济中振翅翱翔。现代阿拉伯
产油国的执政者如何将政治与石油蕴涵的经济力量相互
结合，就要视各国的国力而定。

然而各国执政者并不能只关注外交课题。阿拉伯各国最重
要的国内问题是年轻人的雇佣政策。执政者提出了"开发人力
资源"的口号，强化学校的实务教育，并针对即将踏入社会的

年轻人展开职业训练。利用国内已有的石油、天然气等天然资源作为支柱，开发新的资源——人力资源，是现在阿拉伯各国的最重要目标。

天然资源与人力资源的性质截然不同。简单来说，石油、天然气等天然资源只要从地下汲取出来，就是具有市场价值的产品。但是人力资源如果没有经过长期的教育培训，根本不能产生市场价值。如果教育与培训有所疏漏，那么不仅不会产生价值，

> 利用国内已有的石油、天然气等天然资源作为支柱，开发新的资源——人力资源，是现在阿拉伯各国的最重要目标。

反而会成为社会负担。此外，天然资源有限，总有一天会从地球上消失，但是人力资源只需反复施以教育与培训，就能够随时增添新价值，成为无限资源。

当然，产油国知道这种人力资源的优缺点。然而，人力资源的开发，最重要的是受开发者必须具备强烈的上进心，想要开创自己的未来，同时在力求上进的过程中，也需具备耐心和自我克制的态度。当前的问题是，产油国的年轻人打从出生就已习惯富裕的生活，是否还能具备这种强烈的上进心与自我克制的态度呢？就我个人的经验而言，至少在现在的产油国，少有年轻人自觉投进竞争激烈的国际社会。我无意就此批判产油国的年青一代。**过度富裕的社会难以在年轻人身上培养出耐心、克己的精神和强烈的上进心**。这一点在现今的日本展露无余。

石油价格暴涨，每天都会产生巨额的石油盈余。失去投资目标的油元回流到石油期货市场，造成了再次哄抬石油价格的情况。产油国王室成员的资产日益膨胀，与一般民众的差距愈益扩大。如同本书开头所言，阿拉伯的大富豪等同于王室成员。这些王室成员是低调的富豪，不在《福布斯》杂志的排行榜上，但王室富豪的人数毫无疑问地一直在增加。

石油带来的财源目前仍然没有枯竭的样子，好比阿拉丁神灯处于火力最旺盛的状态。执政者将石油带来的财富分散给全体国民，让国民的生活水平不至于低落，因此一般市民的生活依旧是春风得意，或许这才是现代阿拉伯产油国真正要面对的最大问题。

后　记

　　我任职于石油开发公司将近30年，其间一直负责与中东相关的贸易业务，因此心里早有构思，想要开设中东主题的博客，将一些有用的信息传递出去。我在三十多岁时，就体验到计算机的便利，与同一时代出生的人相比算是比较早的。从文档、表格计算到网页制作，都要接触这些软件，因此对我而言，使用计算机并不是什么苦差事。

　　2005年1月，我已退休半年，身心都已经整理完毕，开了一个名为"阿拉伯半岛定点观测"的博客。当时，网络上的博客数量已破千万，这种内容锁定在阿拉伯世界的个人博客，究竟能吸引多少人前来浏览，事前完全无法预料，但我仍坚持每天一定要更新内容。我自己过去也曾浏览过许多的网页和博客，只要内容和上次看到的一模一样，我就不会想再去浏览。基于这样的经验，我早已察觉经营个人博客的关键就在于信息要新鲜。

我开设的博客内容虽然是介绍中东相关情势，不过在政治或宗教方面，已有许多专家，因此我就锁定自己较有经验和兴趣的经贸议题，每天摘选当地重要的网络新闻，编写博客的内容，并且一直持续至今。开设博客的第一年，每天平均只有几个人点击浏览，不过三年后，越来越多的商务人士和媒体相关工作者会来博客留言询问。

探索中东的信息，必然会碰触到石油问题，因此我的企图心更加旺盛，又开设了一个和石油相关信息的博客。退休之后，最多的就是时间，我总共开设网站和博客4个。书末附上这些网站与博客的网址，欢迎有兴趣的读者前去浏览。

2007年，开设个人博客的第三个年头，由于石油价格飙涨，中东情势及油元经济成为了聚光灯的焦点，我的博客浏览人数也因此持续增加，而且经济杂志的专题报道也前来采访，同时让我署名发表文章。我的意见如果能为杂志读者提供些许帮助，持续经营这些博客就有价值。除此之外，由于这篇专题报道的缘故，新潮社的编辑横手大辅看过我的博客之后，询问我是否愿意出书。我心想，一个退休后籍籍无名的作者写的书，销售成绩怎么可能会好，因此踌躇不前，不过多亏横手编辑亲切的鼓励，本书才得以完成。

　　我开设博客的动机有以下两点：一是希望通过自身的知识与经验，让日本人能够了解陌生的中东；二是由于看到退休后人的价值在消逝，因此我希望在失去价值之前，先确认自我的定位。基于这些动机开设的博客，居然能够以书籍的形式出版，我由衷地感到欣喜。

　　再次感谢向我提供诸多建议的横手编辑。此外，无论退休前后，我的爱人晶子一直照料着我的身体健康，在此也要向她表达感谢之意。

前田高行

作者的网站和博客

中东最新资讯 "阿拉伯半岛定点观测"
http://ocin-japan.blog.drecom.jp/

中东资讯分析 "解剖中东经济"
http://www2.pf-x.net/ ~ informant/

石油最新资讯 "中东与石油"
http://www.k3.dion.ne.jp/ ~ maedat/

石油资讯分析 "解读国内外石油资讯"
http://blog.goo.ne.jp/maedatayuki_1943/

一名工薪族十年内成为亿万富翁的致富自白

《富爸爸，穷爸爸》作者罗伯特·清崎鼎力推荐
备受欧美工薪族推崇的致富经典
理财盲也看得懂的理财书

约翰·洛克菲勒、比尔·盖茨、沃伦·巴菲特、唐纳德·特朗普……
为什么他们可以成为亿万富翁？
亿万富翁和一般人有什么区别？

斯科特·安德森用理论和实践证明：他们能成为亿万富翁是因为他们想的和你不一样！

想要像斯科特·安德森一样在十年之内从一个"穷忙族"变成一名亿万富翁？你只需"窃取"亿万富翁们的想法和思路就行。斯科特全面总结了以下七个"富翁思路"——金钱、投资、工作、风险、问题、知识、时间。

很棒的一本书！斯科特·安德森在书中的剖析可谓一针见血。如果你想成为有钱人或者想变得更加富有，请阅读这本难得一见的好书吧！

——罗伯特·清崎

〔美〕斯科特·安德森 著
刘祥亚 译
中资海派
定　价：26.80 元

亚马逊电子畅销书 NO.1
《纽约时报》商业类畅销书 NO.1

神奇 5 步骤公式　成功的人聚到你身边

★ 《秘密》制片人与你直接对话
★ 一生中最珍贵的礼物
★ 心灵励志类十大畅销书之一

30 多年来，乔·瓦伊塔尔博士一直在苦苦探寻成功的奥秘，在不断的努力和尝试中，他发现任何问题都能通过精神来解决，每个人都能通过"引力要素"吸引到想要的一切。

他帮助成千上万人从贫穷、低落，甚至绝望的困境中摆脱出来，过上了富足快乐的生活，其 17 本关于营销和成功励志类图书风靡全球，包括排行第一的电子书《催眠营销》和排行第一的有声书《无耻营销的强大力量》等。

〔美〕乔·瓦伊塔尔 著
吴佳绮 译
中资海派
定　价：28.00 元

短信查询正版图书及中奖办法

谢谢您购买本书！顺便提醒您如何使用ihappy书系：
◆ 全书先看一遍，对n全书的内容留下概念。
◆ 再看第二遍，用寻宝的方式，选择您关心的章节仔细地阅读，将"法宝"谨记于心。
◆ 将书中的方法与您现有的工作、生活作比较，再融合您的经验，理出您最适用的方法。
◆ 新方法的导入使用要有决心，事前做好计划及准备。
◆ 经常查阅本书，并与您的生活、工作相结合，自然有机会成为一个"成功者"。